QUE SINAL É ESSE?
NEOLOGISMOS EM LIBRAS NO AMBIENTE ACADÊMICO

Editora Appris Ltda.
1.ª Edição - Copyright© 2025 dos autores
Direitos de Edição Reservados à Editora Appris Ltda.

Nenhuma parte desta obra poderá ser utilizada indevidamente, sem estar de acordo com a Lei nº 9.610/98. Se incorreções forem encontradas, serão de exclusiva responsabilidade de seus organizadores. Foi realizado o Depósito Legal na Fundação Biblioteca Nacional, de acordo com as Leis nos 10.994, de 14/12/2004, e 12.192, de 14/01/2010.

Catalogação na Fonte
Elaborado por: Dayanne Leal Souza
Bibliotecária CRB 9/2162

S237q
2025
	Santos, Hadassa Rodrigues
	    Que sinal é esse? Neologismos em libras no ambiente acadêmico /
	Hadassa Rodrigues Santos. – 1. ed. – Curitiba: Appris, 2025.
	    96 p. ; 23 cm. – (Coleção Linguagem e Literatura).
	
	    Inclui referências.
	    ISBN 978-65-250-7319-4
	
	    1. Neologismo. 2. Libras. 3. Léxico. I. Santos, Hadassa Rodrigues.
	II. Título. III. Série.
	
	                                                                                        CDD – 419

Livro de acordo com a normalização técnica da ABNT

Appris *editorial*

Editora e Livraria Appris Ltda.
Av. Manoel Ribas, 2265 – Mercês
Curitiba/PR – CEP: 80810-002
Tel. (41) 3156 - 4731
www.editoraappris.com.br

Printed in Brazil
Impresso no Brasil

Hadassa Rodrigues Santos

QUE SINAL É ESSE?
NEOLOGISMOS EM LIBRAS NO AMBIENTE ACADÊMICO

Appris editora

Curitiba, PR
2025

FICHA TÉCNICA

EDITORIAL	Augusto Coelho
	Sara C. de Andrade Coelho

COMITÊ EDITORIAL
- Ana El Achkar (Universo/RJ)
- Andréa Barbosa Gouveia (UFPR)
- Antonio Evangelista de Souza Netto (PUC-SP)
- Belinda Cunha (UFPB)
- Délton Winter de Carvalho (FMP)
- Edson da Silva (UFVJM)
- Eliete Correia dos Santos (UEPB)
- Erineu Foerste (Ufes)
- Fabiano Santos (UERJ-IESP)
- Francinete Fernandes de Sousa (UEPB)
- Francisco Carlos Duarte (PUCPR)
- Francisco de Assis (Fiam-Faam-SP-Brasil)
- Gláucia Figueiredo (UNIPAMPA/ UDELAR)
- Jacques de Lima Ferreira (UNOESC)
- Jean Carlos Gonçalves (UFPR)
- José Wálter Nunes (UnB)
- Junia de Vilhena (PUC-RIO)
- Lucas Mesquita (UNILA)
- Márcia Gonçalves (Unitau)
- Maria Aparecida Barbosa (USP)
- Maria Margarida de Andrade (Umack)
- Marilda A. Behrens (PUCPR)
- Marília Andrade Torales Campos (UFPR)
- Marli Caetano
- Patrícia L. Torres (PUCPR)
- Paula Costa Mosca Macedo (UNIFESP)
- Ramon Blanco (UNILA)
- Roberta Ecleide Kelly (NEPE)
- Roque Ismael da Costa Güllich (UFFS)
- Sergio Gomes (UFRJ)
- Tiago Gagliano Pinto Alberto (PUCPR)
- Toni Reis (UP)
- Valdomiro de Oliveira (UFPR)

SUPERVISORA EDITORIAL	Renata C. Lopes
PRODUÇÃO EDITORIAL	Adrielli de Almeida
REVISÃO	Andrea Bassoto Gatto
DIAGRAMAÇÃO	Amélia Lopes
CAPA	Eneo Lage
REVISÃO DE PROVA	Bruna Santos

COMITÊ CIENTÍFICO DA COLEÇÃO LINGUAGEM E LITERATURA

DIREÇÃO CIENTÍFICA Erineu Foerste (UFES)

CONSULTORES
- Alessandra Paola Caramori (UFBA)
- Alice Maria Ferreira de Araújo (UnB)
- Célia Maria Barbosa da Silva (UnP)
- Cleo A. Altenhofen (UFRGS)
- Darcília Marindir Pinto Simões (UERJ)
- Edenize Ponzo Peres (UFES)
- Eliana Meneses de Melo (UBC/UMC)
- Gerda Margit Schütz-Foerste (UFES)
- Guiomar Fanganiello Calçada (USP)
- Ieda Maria Alves (USP)
- Ismael Tressmann (Povo Tradicional Pomerano)
- Joachim Born (Universidade de Giessen/Alemanha)
- Leda Cecília Szabo (Univ. Metodista)
- Letícia Queiroz de Carvalho (IFES)
- Lidia Almeida Barros (UNESP-Rio Preto)
- Maria Margarida de Andrade (UMACK)
- Maria Luisa Ortiz Alvares (UnB)
- Maria do Socorro Silva de Aragão (UFPB)
- Maria de Fátima Mesquita Batista (UFPB)
- Maurizio Babini (UNESP-Rio Preto)
- Mônica Maria Guimarães Savedra (UFF)
- Nelly Carvalho (UFPE)
- Rainer Enrique Hamel (Universidade do México)

Aos meus filhos, Tito e Celina.
Aos meus alunos de Letras-Libras da UFJF e estudantes de Libras de todo o Brasil.

AGRADECIMENTOS

Ao estimado Prof. Marco Antônio de Oliveira (*in memoriam*), cuja influência e legado são imensuráveis. Saiba que em mim, permanece mais uma semente de sua obra, destinada a dar continuidade ao seu trabalho exemplar. Minha admiração e profundo respeito são eternos e sinto-me honrada por ter feito parte, ainda que pequena, da sua jornada.

Ao Prof. Dr. João Henrique Rettore Totaro, por sua competência e sua generosidade ao guiar minha formação *stricto sensu*. Sua orientação foi essencial para que as pesquisas que culminam nesta obra pudessem se desenvolver e ganhar forma. Minha gratidão por sua dedicação e seu apoio é imensa.

À minha família, meu pilar de força e inspiração. Ao meu marido, que é meu porto seguro e meu farol, este projeto só se tornou realidade graças ao seu cuidado e apoio incansáveis, especialmente nos momentos mais desafiadores. Aos meus filhos, Tito e Celina, vocês são a luz que ilumina meus dias. Ser mãe de dois pequenos tesouros é, sem dúvida, o papel mais honroso da minha vida.

Aos meus pais, Agnaldo e Fátima, fundamentais em cada etapa da minha trajetória. Embora sua jornada acadêmica tenha sido breve, os valores que me transmitiram – fé, dedicação, compromisso e resiliência – superam qualquer conhecimento científico. Vocês me ensinaram a manter um coração grato, mesmo diante das adversidades, e a olhar sempre para o alto com humildade.

Aos meus irmãos, Talita, Késia e Isaque, com quem compartilho as alegrias e os desafios da vida. Ter vocês ao meu lado têm sido uma fonte de conforto e força.

Por fim, à comunidade surda brasileira, que me acolheu desde a infância e abriu as portas para um mundo de novas experiências e aprendizados. Cada surdo com quem cruzei, ao transmitir sua língua e sua cultura, criou laços que vão muito além da academia e estão profundamente enraizados em mim. Agradeço imensamente pela participação nas etapas de coleta de dados, que foi essencial para a realização desta obra.

A língua não é apenas um instrumento de comunicação, mas um território onde se inscrevem as memórias e os sonhos de uma comunidade. Ela é moldada pelas mãos que a articulam, pelos olhos que a compreendem, e pelo coração que a sente. Cada novo sinal criado é uma forma de resistência, um ato de pertencimento, uma ponte entre o passado e o futuro, entre o visível e o invisível.

(adaptado de uma reflexão de Stokoe, W. C. [1960], sobre a importância da língua de sinais na formação identitária da comunidade surda).

PREFÁCIO

Para introduzir esta obra, acredito que seja fundamental conhecer um pouco sobre a autora. Não se trata apenas de uma mestra e doutora em Linguística, mas de alguém cuja trajetória anterior, marcada pela fé e pela persistência, deu-lhe a força necessária para superar os desafios acadêmicos e o árduo caminho da pesquisa científica.

Desde a infância, Hadassa carregou consigo o nome escolhido por seu pai, um pastor, que se inspirou na personagem bíblica do livro de Ester. Essa escolha não foi casual, pois assim como Hadassa (Ester), a autora trilhou um caminho marcado pela coragem, pela dedicação e pela determinação em se destacar, especialmente no campo da defesa e valorização da Língua Brasileira de Sinais.

Hadassa é uma dessas pesquisadoras cuja escrita é um prazer de ler. Não só pela relevância dos temas que aborda, mas pela dedicação evidente em cada texto, em cada artigo, em sua dissertação e em sua tese. E, claro, nesta obra que agora apresento, o leitor encontrará o mesmo rigor acadêmico, o mesmo entusiasmo por desbravar territórios inexplorados no campo da linguística das línguas de sinais. É uma honra e uma responsabilidade introduzir este livro, que enriquece de forma tão significativa nossas trajetórias de estudo.

Com a crescente inserção de estudantes surdos nas universidades, em diversas áreas do conhecimento, tornou-se claro que havia uma demanda urgente por expansão lexical. Os termos técnicos e acadêmicos, muitas vezes inexistentes na Libras, criaram uma necessidade de novos sinais para garantir que os conceitos fossem apreendidos com precisão e disseminados com clareza. É nesse contexto que esta obra se insere. Hadassa compilou e analisou dados sobre sinais emergentes, permitindo-nos entender os processos envolvidos na criação de novos sinais.

A autora começa explorando os elementos formacionais das línguas de sinais, desde os parâmetros estabelecidos por William Stokoe, passando por conceitos fundamentais para a compreensão da estrutura dos sinais e os processos linguísticos que regem a formação do léxico. Ela aborda os aspectos morfológicos aplicados às línguas de sinais, com foco no fenômeno neológico e na renovação lexical, um processo que enriquece a língua e a adapta ao seu ambiente de uso.

Hadassa explora os mecanismos morfológicos, como derivação, composição e flexão, além dos empréstimos linguísticos, e introduz a ideia da iconicidade como um fator essencial para entender a morfologia visual-espacial da Libras. Sua pesquisa, voltada para o ambiente acadêmico, revela como os novos sinais surgem no diálogo entre alunos surdos e intérpretes de Libras, e na necessidade de decifrar textos acadêmicos ao longo da jornada universitária.

Um dos destaques desta obra é a introdução de uma nova proposta morfológica para a Libras: a "ancoragem lexical". Esse conceito inovador sugere uma classificação inédita dos processos de criação de sinais, abrindo novas perspectivas para a análise do léxico e para a compreensão da dinâmica neológica em Libras.

Este livro é uma leitura essencial para surdos, intérpretes, professores e pesquisadores interessados em línguas de sinais e estudos linguísticos comparados. Ele oferece uma oportunidade valiosa para observar, compreender e apropriar-se dos neologismos emergentes que moldam e expandem o léxico de Libras.

Recomendo fortemente esta leitura e desejo que ela seja uma fonte de inspiração e conhecimento para todos.

Prof.ª Dr.ª Cristina Alves Menezes Rocha

Departamento de Psicologia da Educação e Metodologia da Pesquisa (DPEMP) da Faculdade de Educação da Universidade do Estado de Minas Gerais (UEMG).

LISTA DE ABREVIATURAS E SIGLAS

ASL – Língua de Sinais Americana
CM – Configurações de mãos
ENM – Expressões não manuais
FL – Faculdade da Linguagem
GU – Gramática Universal
IES – Instituições de Ensino Superior
ISL – Língua de Sinais Israelense
LS – Línguas de Sinais
LO – Línguas orais
M – Movimento
NZSL – Língua de Sinais da Nova Zelândia
Or – Orientação da palma da mão
PA – Ponto de Articulação
PB – Português brasileiro
TILSP – Tradutores e Intérpretes de Libras-Português

SUMÁRIO

INTRODUÇÃO 17

1
A CAPACIDADE DE LINGUAGEM 23

2
FORMAÇÃO DO SINAL NA LIBRAS 29
   2.1 ASPECTOS MORFOLÓGICOS DAS LÍNGUAS DE SINAIS 34

3
QUE SINAL É ESSE? 39
   3.1 AFINAL, COMO SURGEM NOVOS SINAIS? 40

4
PROCESSOS DE EXPANSÃO LEXICAL 47
   4.1 DERIVAÇÃO E COMPOSIÇÃO 47
   4.2 POLISSEMIA E HOMONÍMIA 58
   4.3 EMPRÉSTIMOS LINGUÍSTICOS 62
      4.3.1 Empréstimo estereotipado 67
      4.3.2 Empréstimos por transliteração 69
   4.4 ICONICIDADE 72
   4.5 UMA NOVA PROPOSTA: A ANCORAGEM LEXICAL 76

CONSIDERAÇÕES FINAIS 87

REFERÊNCIAS 91

INTRODUÇÃO

Antes de iniciarmos nossa jornada pelos processos linguísticos que envolvem a Libras no ambiente acadêmico, quero que você, leitor, reflita sobre as histórias de Ana e Lucas, ambos estudantes surdos, que trilham jornadas acadêmicas desafiadoras, marcadas pela ausência de sinais consolidados em Libras para conceitos técnicos. Embora estejam em áreas diferentes – Bioquímica e Física –, suas experiências de superação e luta pela inclusão entrelaçam-se.

Ana é uma estudante surda que ingressou em um renomado curso de Bioquímica em uma universidade pública. Desde que começou sua trajetória acadêmica, Ana tem se esforçado ao máximo para acompanhar as aulas, especialmente porque o conteúdo técnico e científico é transmitido em português. Embora ela tenha um bom domínio da Libras, muitos dos conceitos que são discutidos em sala de aula não têm sinais estabelecidos, o que gera frustração e confusão.

Em uma manhã de quinta-feira, Ana entra na sala de aula, onde o professor começa a explicar a estrutura molecular de proteínas. Ele usa muitos termos técnicos em português, como "estrutura terciária" e "ligação de hidrogênio", sem fazer uma pausa para explicar ou fornecer traduções adequadas. O intérprete de Libras, que está ao lado de Ana, vê-se em uma situação complicada: ele tenta criar sinais a partir do zero, mas a complexidade dos conceitos e a rapidez da apresentação dificultam ainda mais sua tarefa. Para "estrutura terciária" ele opta por usar uma combinação de gestos que remete a "três dimensões", mas Ana não consegue entender completamente o que isso significa.

Enquanto o professor desenha estruturas químicas no quadro, Ana observa atentamente. Ela sente que precisa de mais tempo para processar a informação, mas a aula avança rapidamente. Quando o professor menciona "interações hidrofóbicas", o intérprete hesita, pois não existe um sinal estabelecido para esse termo. Ele decide descrever a ideia por meio de gestos improvisados, mas Ana se perde, confusa sobre como isso se relaciona com o que ela já aprendeu.

Após a aula, Ana se dirige ao grupo de estudo com seus colegas. Ao tentar discutir o conteúdo, ela percebe que muitos de seus colegas ouvintes falam de maneira descontraída, usando gírias e referências que ela não consegue captar totalmente. Ela se sente isolada, sem conseguir expressar suas dúvidas ou fazer conexões significativas com o que aprenderam. Embora tenha estudado a matéria e feito anotações, a falta de sinais consolidados e a barreira linguística a impedem de participar plenamente da discussão.

Lucas, por sua vez, encontra-se em uma aula de Física, na qual o professor discute leis da dinâmica. Ele, apaixonado pela ciência desde jovem, enfrenta desafios semelhantes aos de Ana. Enquanto o professor explica a segunda lei de Newton, Lucas tenta acompanhar as explicações observando as anotações dos colegas ouvintes, mas também se depara com a barreira linguística. Ao tentar compreender o termo "força resultante", ele vê o intérprete improvisar gestos de empurrar e somar, o que gera confusão. O ritmo acelerado da aula e a falta de sinais específicos contribuem para o crescente sentimento de frustração.

A aula avança rapidamente e Lucas sente-se cada vez mais frustrado. Ele tenta levantar a mão para fazer uma pergunta, mas hesita, sabendo que a complexidade dos conceitos que deseja discutir pode não ter correspondência na Libras. Em um momento de desespero, ele escreve uma pergunta no caderno: "O que exatamente é força resultante?". No entanto o tempo está passando e a aula não para.

Após as aulas, ambos buscam apoio. Ana se reúne com seu professor de Bioquímica, que, sensível à situação, propõe a criação de um glossário de sinais técnicos em Libras para tornar o conteúdo mais acessível. Lucas, por sua vez, encontra no professor de Física um aliado disposto a realizar reuniões periódicas para discutir os conceitos e colaborar na construção de sinais que facilitem a compreensão.

Apesar das dificuldades, Ana e Lucas encontram força na colaboração de seus professores na busca por soluções para a inclusão no ambiente acadêmico. Ambos percebem que a construção de um vocabulário técnico em Libras é um processo contínuo, que não só os beneficiará, mas também ajudará futuras gerações de estudantes surdos.

Ambos os estudantes compartilham a experiência de um ambiente educacional que, embora inclusivo em teoria, ainda carece de adaptações práticas que considerem a singularidade da Libras e as necessidades dos alunos surdos. Suas histórias mostram como a inclusão não se resume apenas à presença física em sala de aula e também envolvem a acessibilidade linguística e a necessidade de um léxico que aborde conceitos especializados.

Essas experiências são um reflexo vivo das barreiras enfrentadas por estudantes surdos no ensino superior, em que o domínio do português ainda prevalece e as lacunas no léxico da Libras são sentidas de forma aguda. Para que a inclusão seja de fato efetiva, é necessário assegurar que os estudantes surdos tenham acesso a uma educação de alta qualidade, que não apenas reconheça, mas também valorize suas especificidades linguísticas e culturais. Isso envolve o desenvolvimento de estratégias pedagógicas inclusivas, o aprimoramento da formação de professores e a criação de materiais didáticos acessíveis, tudo adaptado às suas necessidades e ao uso da Libras como língua de instrução.

A expansão lexical da Libras é um aspecto crucial nesse contexto, pois permite que os estudantes se comuniquem e compreendam os conteúdos acadêmicos de maneira mais eficaz. A criação de sinais que representem conceitos técnicos e científicos não é apenas uma necessidade prática, mas também uma questão de reconhecimento e valorização da cultura surda. Quando a Libras é enriquecida com novos sinais, isso não apenas facilita a comunicação, como também fortalece a identidade da comunidade surda, permitindo que seus membros se sintam mais incluídos e respeitados em espaços acadêmicos.

As histórias de Lucas e Ana ressaltam a urgência de desenvolver uma estratégia colaborativa que envolva educadores, intérpretes e a comunidade surda na criação e na padronização de um vocabulário técnico em Libras. Essa abordagem não apenas contribuirá para a inclusão efetiva de surdos nas salas de aula, mas também promoverá um ambiente onde todos os alunos possam se sentir parte ativa do processo de aprendizado, capaz de expressarem suas ideias e seus questionamentos de maneira clara e acessível.

Assim, convido você a manter Ana e Lucas em mente enquanto exploramos, nos próximos capítulos, os mecanismos de expansão lexical em Libras. Esses processos são essenciais para promover uma verdadeira inclusão no ambiente acadêmico, garantindo que todos os estudantes surdos possam acessar o conhecimento especializado de forma plena e significativa.

Desde o reconhecimento da Libras como língua de uso de comunidades surdas brasileiras e com a inclusão de estudantes surdos no ensino superior, muitos desafios emergiram, especialmente em relação à criação de novos sinais para conceitos especializados. Ao longo dos capítulos exploraremos desde a capacidade fundamental de linguagem humana até as complexidades dos processos morfológicos e neológicos que influenciam a formação de novos sinais na Libras.

No **Capítulo 1 – A capacidade de linguagem** examinaremos a natureza universal da linguagem e como ela se manifesta tanto nas línguas orais quanto nas línguas de sinais. Discutiremos como o cérebro humano processa diferentes modalidades de linguagem e a importância dessa capacidade para o desenvolvimento de conhecimento em ambientes educacionais. Ao abordar a linguagem como uma característica inata do ser humano, introduzimos uma reflexão sobre as adaptações necessárias para que ela possa ser eficaz em contextos de inclusão, especialmente no ensino superior, em que conceitos abstratos e especializados são frequentes.

O **Capítulo 2 – A formação do sinal na Libras** leva-nos a uma análise mais detalhada da Libras, enfocando a estrutura dos sinais. Aqui, falaremos dos parâmetros que compõem um sinal – como configurações de mão, movimento, localização e orientação – e como esses elementos são combinados para formar significados. Esse conhecimento é fundamental para que possamos, nos capítulos subsequentes, compreender como novos sinais são criados e como a morfologia da Libras desempenha um papel central nesse processo. Nesse ponto, discutiremos como a morfologia é aplicada às línguas de sinais e de que forma os sinais podem ser morfologicamente complexos.

No **Capítulo 3 – Que sinal é esse?** voltaremos nossa atenção para o contexto acadêmico. A inclusão de estudantes surdos nas universidades exige a criação de novos sinais para termos técnicos, científicos e abstratos que ainda não têm representação na Libras.

No **Capítulo 4 – Processos de expansão lexical** analisaremos como esses processos ocorrem especificamente na Libras, demonstrando que, assim como nas línguas orais, as línguas de sinais também têm mecanismos sofisticados que permitem a formação de novos itens lexicais. Você verá como esses novos sinais podem surgir a partir de **Derivação e Composição** (4.1), processos morfológicos que combinam diferentes elementos para criar novos significados. A **Polissemia e Homonímia** (4.2) é outra questão relevante, já que alguns sinais podem adquirir múltiplos significados, criando desafios para intérpretes e estudantes. Além disso, discutiremos os **Empréstimos Linguísticos** (4.3), tanto os **Estereotipados** (4.3.1), quanto os **por Transliteração** (4.3.2), em que sinais são adaptados de uma língua oral, como o português. Nesse capítulo, também exploraremos o papel da **Iconicidade** (4.4), que muitas vezes facilita a criação de novos sinais ao fazer uma relação direta entre a forma do sinal e seu significado, e apresentarei a você a **Ancoragem Lexical** (4.5), um processo inovador de criação de sinais que se baseia na alteração de parâmetros de sinais preexistentes.

Por fim, nas **Considerações Finais**, refletiremos sobre como o ensino superior tem se configurado como um campo fértil para a inovação lexical na Libras. À medida que novos sinais são criados para atender às demandas acadêmicas, a Libras enriquece seu vocabulário, expandindo-se não apenas em termos quantitativos, mas também qualitativos, com a introdução de novos conceitos e variações semânticas. Enfatizarei como essa expansão se dá com a colaboração ativa de estudantes, intérpretes e a comunidade surda, mostrando como a língua de sinais está em constante evolução para atender às demandas comunicativas da comunidade acadêmica.

Desde já, ressalto a importância de continuar a pesquisa e a documentação dos processos neológicos na Libras. O desafio de criar sinais especializados no ensino superior é apenas uma das muitas facetas dessa língua visual e multidimensional, que se adapta continuamente às necessidades sociais e acadêmicas de seus falantes. Convido você, caro leitor, a refletir sobre as implicações desses processos para a inclusão educacional dos surdos e para o desenvolvimento da Libras como uma língua viva, em constante transformação.

Espero que ao longo da leitura deste livro *Que sinal é esse? Neologismos em Libras no ambiente acadêmico*, você seja levado a refletir sobre o modo como a Libras responde aos desafios impostos pelo contexto acadêmico e como, por meio de processos morfológicos e criativos, essa língua continua a expandir seu léxico, reafirmando seu papel no ensino superior brasileiro.

Para alunos, professores, educadores e intérpretes de Libras, esta obra oferece não apenas uma análise aprofundada dos mecanismos linguísticos envolvidos na criação de novos sinais, mas também uma oportunidade para compreender como o desenvolvimento lexical da Libras é crucial para assegurar a inclusão plena dos surdos nas salas de aula. Ao entender esses processos, você poderá não apenas se familiarizar com as dinâmicas internas da língua de sinais, mas também contribuir para a construção de um ambiente acadêmico mais acessível e inclusivo, em que a Libras se fortaleça como o canal de transmissão do conhecimento especializado.

A CAPACIDADE DE LINGUAGEM

A linguagem humana é um conhecimento tácito, implícito e, em grande parte, inconsciente, um aspecto fundamental da cognição que possibilita a comunicação entre os indivíduos. Esse conhecimento permite que nossas mentes estruturem pensamentos em sequências de sons ou sinais, uma habilidade inata à espécie humana.[1] Cada pessoa saudável nasce com uma predisposição biológica que a capacita a adquirir uma língua de forma natural e espontânea, seja ela uma língua oral (LO) ou uma língua de sinais (LS), permitindo a produção e a compreensão de discursos.

Essa ideia se apoia em uma perspectiva formal da linguagem concebida por Noam Chomsky,[2] conhecida como Gramática Gerativa. Segundo Chomsky, existe um módulo específico na mente humana chamado de Faculdade da Linguagem (FL), que é responsável por organizar e interpretar as expressões linguísticas. Esse módulo opera segundo princípios universais, comuns a todas as línguas, que permitem aos seres humanos adquirir qualquer idioma a que estejam expostos. É a partir dessa faculdade inata que as crianças, desde muito cedo, conseguem internalizar as regras complexas de uma língua, seja por meio de sons, no caso das línguas orais, ou de sinais visuais-espaciais, no caso das línguas de sinais.

Essa abordagem destaca a universalidade e a profundidade da capacidade linguística humana, mostrando que, independentemente da modalidade – oral ou sinalizada –, a mente humana está equipada para estruturar o pensamento e transformá-lo em comunicação eficaz. No uso da Libras, por exemplo, essa faculdade da linguagem se manifesta plenamente, evidenciando que as línguas de sinais são sistemas completos e naturais, capazes de atender às necessidades cognitivas e sociais de seus usuários.

---

[1] CHOMSKY, N.; HAUSER, M. D.; FITCH, W. T. The faculty of language: what is it, who has it, and how did it evolve? *Science*, Washington, D.C., v. 298, n. 5598, p. 1569-1579, 2002.

[2] CHOMSKY, N. *Syntactic structures*. The Hague: Mounton, 1957.

A faculdade humana da linguagem, como descrita por Chomsky, Hauser e Fitch,[3] pode ser comparada a um código genético que se organiza de forma hierárquica, generativa e recursiva, oferecendo um potencial praticamente ilimitado para a expressão. Essa capacidade natural de produzir e compreender uma infinidade de frases novas, mesmo a partir de um conjunto finito de regras, é o que torna a linguagem humana tão extraordinária. A Gramática Gerativa, proposta por Noam Chomsky, tenta explicar exatamente esse fenômeno: como, com um número limitado de princípios e parâmetros, somos capazes de gerar um número infinito de expressões linguísticas.

Chomsky argumenta que a FL é o resultado da interação complexa entre vários sistemas autônomos, cada um com suas próprias regras e princípios. Isso significa que a capacidade linguística humana não é um bloco homogêneo, mas um conjunto de módulos interligados que funcionam em harmonia para nos permitir adquirir, processar e produzir linguagem. Essa faculdade inata é o que possibilita que qualquer indivíduo, independentemente de onde nasce ou da língua a que é exposto, seja capaz de aprender uma ou mais línguas naturais.

No estado inicial da mente humana, a FL é evidenciada pela Gramática Universal (GU) como sendo idêntica para todos os seres humanos. Ou seja, todos nós nascemos com a mesma capacidade de assimilar uma língua. A Gramática Universal é o ponto de partida, e é por meio das experiências e dos estímulos externos que essa faculdade vai se moldando, fixando parâmetros específicos à medida que a pessoa é exposta a uma língua. Por exemplo, ao ser exposta ao português brasileiro (PB) uma criança brasileira rapidamente absorve as regras dessa língua, da mesma forma que uma criança surda, exposta à Libras, adquire a língua de sinais com a mesma naturalidade.

No entanto é importante ressaltar que sem esses estímulos externos, a capacidade linguística não se desenvolve plenamente. Embora a FL seja inata, é por meio das interações sociais e verbais que o indivíduo adquire, organiza e refina sua competência linguística. Essas interações, que constituem os estímulos externos, são cruciais para que os princípios universais da GU se transformem em habilidades linguísticas concretas. Os princípios, que são invariáveis e comuns a todas as línguas, fornecem a

---

[3] CHOMSKY, N.; HAUSER, M. D.; FITCH, W. T. The faculty of language: what is it, who has it, and how did it evolve? *Science*, Washington, D.C., v. 298, n. 5598, p. 1569-1579, 2002.

base universal sobre a qual qualquer gramática é construída, enquanto os parâmetros, que variam de uma língua para outra, são ajustados durante o processo de aquisição da língua.

Esse processo de ajustes dos parâmetros acontece ao longo do período de aprendizado, permitindo que a criança, ou qualquer pessoa, personalize sua compreensão linguística de acordo com a língua específica que está aprendendo. Isso ocorre igualmente em línguas orais e em línguas de sinais, demonstrando que a FL é flexível e adaptável, funcionando de forma eficaz em qualquer modalidade de linguagem.

Chomsky[4] também concebe a linguagem humana como um sistema de interfaces, em que diferentes componentes interagem de maneira articulada. O sistema de pensamento, denominado "conceitual-intencional", é uma dessas interfaces e se refere ao conjunto de processos mentais que envolvem crenças, desejos, intenções, conceitos e raciocínios. Esse sistema é responsável por transmitir informações linguísticas para outra interface, chamada de "articulatório-perceptual", que engloba as funções cognitivas encarregadas da produção e recepção de unidades linguísticas. Isso pode ocorrer tanto na articulação e na percepção de sons em línguas orais quanto na produção e na recepção de sinais visuais nas línguas de sinais.

Com base nesse conceito, a língua pode ser vista sob duas perspectivas distintas: como uma habilidade cognitiva presente na mente humana e como um código linguístico compartilhado por uma comunidade. Essas duas dimensões coexistem, mas são realidades diferentes. Para esclarecer essa dualidade, Chomsky[5] propôs os termos "Língua-I" e "Língua-E". A Língua-I refere-se à linguagem em seu aspecto cognitivo, ou seja, como um fenômeno mental e inato à espécie humana. Já a Língua-E trata da língua como um fenômeno sociocultural, utilizado por uma determinada comunidade para fins comunicativos.

Segundo essa teoria, a Língua-I representa a estrutura interna da linguagem na mente de um indivíduo, enquanto a Língua-E se refere às expressões externa e social da linguagem, presentes no uso coletivo de uma comunidade linguística. As línguas naturais, portanto, têm uma natureza bidimensional: elas existem tanto de forma interna e subjetiva, na mente dos falantes, quanto de forma externa, como um fenômeno compartilhado socialmente. Para que uma língua tome existência no mundo

---

[4] Idem.
[5] CHOMSKY, N. *Knowledge of language*: its nature, origin and use. New York: Praeger, 1986.

externo, é necessário que um grupo de pessoas compartilhe seu léxico, composto por fonemas, morfemas, palavras, expressões e significados, além das convenções de uso.

O uso natural das línguas de sinais, como a Libras, mostra que a habilidade de comunicação humana não está vinculada exclusivamente ao aparelho fonador, ela pode se manifestar por intermédio de diferentes canais sensoriais. Esse fato reflete a adaptabilidade e a riqueza da linguagem enquanto fenômeno cognitivo e social e como a mente humana está preparada para encontrar formas criativas e eficazes de expressão, independentemente das limitações físicas ou sensoriais que possam existir. Chomsky[6] previu essa capacidade:

> A concepção de que a articulação e a percepção envolvem a mesma interface (representação fonética) é controversa, os problemas obscuros relacionados à interface [...] conceitual-intencional é ainda mais. O termo "articulatório" é tão restrito que sugere que a faculdade da linguagem apresenta uma modalidade específica, com uma relação especial aos órgãos vocais. O trabalho nos últimos anos em língua de sinais evidencia que essa concepção é muito restrita. Eu continuarei a usar o termo, mas sem quaisquer implicações sobre a especificidade do sistema de output, mantendo o caso das línguas faladas.

O desenvolvimento linguístico de uma pessoa surda segue de maneira natural, guiado pela faculdade inata da linguagem humana. A diferença fundamental está na modalidade utilizada: em vez de recorrer ao canal oral-auditivo, os surdos se expressam pelo canal gestual-visual (ou visual-espacial). Aqui, é crucial entender que essa comunicação não se baseia em simples gestos ou pantomimas, mas em um sistema linguístico plenamente desenvolvido.

As línguas de sinais, portanto, são línguas naturais, surgindo da interação espontânea entre pessoas, com uma estrutura complexa que permite a expressão de qualquer conceito ou significado necessário para a comunicação e a expressão pessoal. Dessa tal forma, distintas comunidades surdas criam sua própria língua de sinais, resultando em uma diversidade linguística, como a Língua de Sinais Francesa, Americana, a Gestual Portuguesa, além das línguas emergentes no Brasil, como a Cena,

---

[6] CHOMSKY, N. *The minimalist program*. Cambridge, MA: MIT Press, 1995 p. 434.

a Macuxi e a Ka'apor.[7] Essas línguas são independentes das línguas orais-auditivas faladas nos mesmos países e têm suas próprias gramáticas e vocabulários únicos.

Tanto as línguas orais-auditivas quanto as línguas de sinais se adaptam perfeitamente às necessidades de seus usuários. As línguas orais atendem ao canal auditivo dos ouvintes, enquanto as línguas de sinais, como a Libras, são adequadas ao canal visual-espacial dos surdos, permitindo uma comunicação igualmente rica e eficiente para todos.

A linguagem humana é um fenômeno fascinante e inerente a todos nós. Ela funciona como um sistema altamente organizado, regido por princípios e regras que nos permitem gerar expressões linguísticas de forma ordenada e compreensível. Com um número finito de sons ou sinais, conseguimos criar palavras, frases e discursos, seja para expressar nossas próprias ideias ou entender as dos outros.

No próximo capítulo vamos nos aprofundar nos aspectos fonológicos e morfológicos que moldam a formação dos sinais na Libras, explorando como esses elementos contribuem para a construção de palavras em uma língua de modalidade não oral.

Faremos um paralelo entre as línguas orais e as línguas de sinais, destacando como conceitos morfológicos se aplicam a ambos os contextos. Assim, mesmo que você esteja apenas começando a explorar esse tema, o que virá a seguir oferecerá caminhos para compreendê-lo melhor. Essa análise nos permitirá compreender melhor a estrutura e a dinâmica da Libras, enriquecendo nossa apreciação sobre a complexidade e a expressividade das línguas de sinais.

---

[7] Para mais informações sobre as línguas de sinais emergentes, leia: DA SILVA SANTOS, J. A língua de sinais Makuxi. *Working Papers em Linguística*, Roraima, v. 25, n. 1, p. 215-233, 2024.

FORMAÇÃO DO SINAL NA LIBRAS

As línguas de sinais, assim como qualquer outra língua, são vivas e dinâmicas, ampliando-se naturalmente para atender às novas necessidades comunicativas e expressivas de seus falantes.[8] Elas têm a mesma riqueza estrutural das línguas orais, e diversos estudos confirmam que as línguas de modalidade gesto-visual seguem princípios subjacentes de construção semelhantes aos das línguas naturais. Esse fato demonstra como as línguas de sinais são plenas e capazes de evoluir, refletindo a vivacidade de uma comunidade em constante transformação.

Neste segundo capítulo, convido você a explorar as nuances da Libras, mergulhando nos aspectos linguísticos que moldam seu léxico. Em consonância com a ideia de que a capacidade inata do ser humano para desenvolver uma língua se expressa de maneira natural e eficaz por intermédio do canal visual-espacial, iremos desvendar os elementos que compõem os sinais, proporcionando uma base sólida para o entendimento dos constituintes formacionais da Libras.

A criatividade linguística, um dos principais argumentos em favor da existência de uma gramática inata, reforça a ideia de que a produção da linguagem ocorre de maneira natural, mesmo sem uma aprendizagem formal ou uma consciência explícita dos elementos envolvidos. Isso se traduz na capacidade de os falantes de uma língua gerarem, de forma não intencional, um número ilimitado de formações linguísticas, ancoradas em processos morfológicos que estabelecem a correspondência entre a forma e o significado de palavras conhecidas.

A noção de produtividade lexical, por sua vez, está intimamente ligada aos processos regulares e ativos que regem a formação de novas palavras em uma língua, sendo um aspecto fundamental da competência linguística dos falantes. Isso implica que os falantes têm um conhecimento interno de um conjunto finito de regras que operam de maneira previsível,

---

[8] HULST, H. Dependency relations in the phonological representation of signs. *In*: BOS, H.; SCHERMER, T. (ed.). *Sign language research*. Munich, Hamburg: Signum Press, 1995. p. 11-38.

governando o repertório de unidades morfológicas e lexicais a partir das quais são construídas as palavras ou sinais de uma língua.

Compreender a formação e a produtividade lexical Libras é, portanto, essencial para elucidar como os sinais são constituídos e como funcionam dentro do sistema linguístico da Libras.

Este capítulo foi cuidadosamente elaborado para que até mesmo aqueles que não têm familiaridade com a Libras possam compreender seus fundamentos. Sabemos que a Libras pode parecer uma língua distante e complexa para os leigos e aqui o objetivo é desmistificar essa percepção. Apresentarei conceitos iniciais de forma clara e acessível, permitindo que todos, independentemente do nível de conhecimento prévio, sintam-se à vontade para explorar e aprender sobre a língua de sinais.

Vamos começar nossa jornada pelos articuladores primários das línguas de sinais: as mãos. Imagine-as como os instrumentos fundamentais que se movem no espaço à sua frente, dando vida aos sinais. Cada movimento, cada posição das mãos, desempenha um papel crucial na articulação dos significados. Um sinal pode ser criado com uma ou duas mãos, e aqui está um detalhe interessante: um mesmo sinal pode ser articulado tanto pela mão direita quanto pela mão esquerda. Essa flexibilidade não é apenas um traço curioso, mas um reflexo da expressividade da Libras. Sinais que utilizam apenas uma mão são gerados pela mão dominante do signatário, enquanto os que requerem as duas mãos obedecem a certas restrições quanto à interação entre elas. Veremos essas restrições mais à frente.

As pesquisas sobre os elementos formacionais das LS têm suas raízes no trabalho pioneiro de Stokoe,[9] ao propor que as unidades lexicais da Língua de Sinais Americana (ASL) poderiam ser decompostas em três parâmetros principais: configurações de mãos (CM), ponto de articulação (PA) e movimento (M). Essas unidades de segunda articulação, que ele chamou de "quiremas" – uma palavra grega que se refere a mãos ou partes das mãos – não têm significados isoladamente, combinando-se para a formação dos sinais. Esse modelo de descrição fonológica ficou conhecido como modelo quirêmico.

É importante notar que cada um desses parâmetros articulatórios tem um número limitado de realizações. Assim, diferentes línguas de

---

[9] STOKOE, W. *Sign language structure*: an outline of the visual communication system of the American deaf. Studies in Lingustic, Ocasional Papers 8. Buffalo: University of Buffalo Press, 1960.

sinais podem não utilizar os mesmos parâmetros em suas formações. Isso significa que os falantes de Libras são capazes de identificar quando uma sequência de configurações de mão articula um sinal nativo da Libras e quando não é pertencente a ela.

Com o tempo, novas análises enriqueceram essa abordagem, adicionando unidades relacionadas à orientação da palma da mão (OR)[10] e às expressões não manuais dos sinais (ENM),[11] que incluem as expressões faciais e corporais. Esses elementos são fundamentais para a formação dos sinais e para a comunicação efetiva em Libras.

Mais tarde, Liddell e Johnson[12] propuseram um modelo de traços articulatórios e segmentais, oferecendo uma descrição mais detalhada do que o modelo quirêmico. Posteriormente, novos modelos fonológicos foram desenvolvidos para descrever as línguas de sinais de forma ainda mais precisa.

Nas próximas páginas apresentarei uma definição essencial para cada um dos parâmetros da Libras, permitindo ao leitor compreender como esses elementos individuais atuam conjuntamente na construção dos sinais. Dessa forma, será possível visualizar como cada parâmetro contribui para a complexidade e para a riqueza dessa língua visual, moldando tanto sua estrutura quanto sua expressividade.

Configurações de mão (CM): esse termo se refere às diferentes formas que a(s) mão(s) podem assumir ao fazer um sinal. Cada língua de sinais tem seu próprio sistema de configurações, que vai além das letras do alfabeto manual. Cada configuração de mão é importante e pode ser um elemento que diferencia um sinal do outro. Quando alguém está fazendo um sinal, a configuração das mãos pode permanecer a mesma ou mudar. Se a configuração muda, isso significa que a mão faz um movimento interno, que envolve uma alteração na posição dos dedos.

Ponto de articulação ou Locação (PA): essa expressão se refere ao espaço em frente ao corpo ou a uma parte específica do corpo em que

---

[10] BATTISON, R. Phonological deletion in American Sign Language. *Sign Language Studies*, localidade, v. 5, p. 1-19, 1974.

[11] BRENNAN, M. The visual world of BSL: an introduction. *In*: BRIEN, D. (org.). *Dictionary of British Sign Language/English*. London: Faber & Faber, 1992. p. 1-134.

[12] LIDDELL, S. K.; JOHNSON, R. E. American sign language: the phonological base. *Sign Language Studies*, localidade, v. 64, p. 195-277, 1989.

os sinais são feitos. Esse espaço pode ser qualquer área ao redor do corpo na qual a pessoa está articulando os sinais. Dentro desse espaço existem pontos específicos em que os sinais podem ser feitos, como a ponta do nariz ou a frente do peito. As locações se dividem em quatro regiões principais: cabeça, mãos, tronco e espaço neutro.

Orientação da palma da mão (OR): isso diz respeito à direção em que a palma da mão está apontando enquanto a pessoa faz um sinal. Existem seis tipos de orientação: para cima, para baixo, em direção ao corpo, para frente, para a esquerda e para a direita.

Movimento (M): esse parâmetro é considerado mais complexo, pois envolve várias formas e direções de movimento. Inclui o movimento interno da mão, o movimento do pulso e os movimentos que ocorrem no espaço. As mudanças no movimento podem ajudar a diferenciar os sinais. Os movimentos podem ser descritos em relação à direção (unidirecionais, bidirecionais ou multidirecionais), à maneira (qualidade, tensão e velocidade) e à frequência (quantas vezes um movimento é repetido).

Expressões não manuais (ENM):[13] Essas expressões são as alterações que ocorrem na face, nos olhos, na cabeça ou no tronco enquanto alguém está sinalizando. É comum que mais de uma expressão não manual aconteça ao mesmo tempo que os sinais manuais. Essas expressões não manuais são importantes, pois podem indicar aspectos gramaticais, como a direção do olhar, ou podem estar relacionadas a foco, negações, tópicos e perguntas.

Vale destacar que nas línguas de sinais há restrições tanto físicas quanto linguísticas que delimitam as combinações possíveis entre as unidades articulatórias. Algumas dessas limitações decorrem do sistema visual-perceptual, que rege como os sinais são processados e compreendidos, enquanto outras são impostas pela fisiologia das mãos e pela sua capacidade de articulação, o que influencia diretamente a criação e a execução dos sinais.

Um exemplo desse fenômeno é a maior acuidade visual na região do rosto, onde os interlocutores geralmente concentram seu olhar durante

---

[13] Para um estudo mais aprofundado sobre as Expressões Não-Manuais, *Cf.* SANTOS, H. R. *Propriedades aspectuais de eventualidades em Libras*: um compartilhamento de traços fonológicos entre articuladores manuais e não manuais. 2021. 144f. Tese (Doutorado em Linguística e Língua Portuguesa) – Programa de Pós-Graduação em Letras, Pontifícia Universidade Católica de Minas Gerais, Belo Horizonte, 2021.

a comunicação em língua de sinais. De acordo com Leite[14], essa região de alta acuidade facilita a detecção de pequenas diferenças em CM, PA e M. Em contrapartida, fora dessa área de destaque perceptual, a discriminação visual não é tão precisa e depende mais da visão periférica do que da visão central. Battison[15] observa que a região facial apresenta um número significativamente maior de locações em comparação com a região do tronco. Além disso, configurações de mão marcadas são mais frequentes na área da face do que no tronco.

Os sinais podem ser classificados ainda em três categorias: a) sinais produzidos com uma mão; b) sinais em que ambas as mãos são ativas; e c) sinais de duas mãos, em que a mão dominante é ativa enquanto a mão não dominante serve apenas como locação. Essa classificação ajuda a compreender as nuances da articulação em Libras e a complexidade envolvida na comunicação por meio dessa língua visual-espacial.

Battison[16] propôs essa classificação com base em duas restrições fonológicas que regulam a produção de sinais com as duas mãos. A primeira, conhecida como Condição de Simetria, estabelece que se ambas as mãos se movimentam na produção de um sinal, devem seguir determinadas regras: as configurações de mão precisam ser idênticas para as duas mãos, a locação deve ser a mesma ou simétrica e o movimento deve ocorrer simultaneamente ou de maneira alternada.

A segunda restrição, chamada Condição de Dominância, estabelece que quando as mãos não compartilham a mesma configuração, a mão ativa é responsável pelo movimento, enquanto a mão passiva atua como apoio. Essa interação da mão passiva enriquece a informação apresentada ao interlocutor, oferecendo redundância que facilita a compreensão.

Essas restrições, derivadas tanto do sistema perceptual visual quanto das capacidades de produção manual, impõem limites à complexidade dos sinais, tornando-os mais fáceis de serem produzidos e compreendidos. Como resultado, a formação dos sinais se torna mais previsível, contribuindo para um sistema linguístico com complexidade controlada.

---

[14] LEITE, T. A. *A segmentação da língua de sinais brasileira (Libras)*: um estudo linguístico descritivo a partir da conversação espontânea entre surdos. 2008. 280f. Tese (Doutorado em Estudos Linguísticos e Literários em Inglês) – Universidade de São Paulo, São Paulo, 2008.

[15] BATTISON, 1974.

[16] *Idem*.

Os parâmetros, portanto, mantêm um caráter distintivo, algo que se torna evidente quando comparamos pares de sinais que apresentam diferenças sutis, semelhante ao que se observa nas análises tradicionais de fonemas nas línguas orais. Ao olharmos para a estrutura e para o funcionamento da Libras verificamos características intrínsecas que merecem um estudo aprofundado, especialmente em relação à morfologia.

A morfologia, por sua vez, não apenas expõe a estrutura das palavras, como também proporciona uma compreensão mais profunda de como as línguas, incluindo a Libras, constroem o significado. Abordaremos esse tema com mais detalhes na próxima seção.

2.1 ASPECTOS MORFOLÓGICOS DAS LÍNGUAS DE SINAIS

Ao nos aprofundarmos no estudo da morfologia, é essencial introduzir alguns conceitos-chave que nortearão a discussão. Ainda que de maneira introdutória, é importante familiarizar o leitor com definições fundamentais como "palavra" e "morfema", além de outras unidades que desempenham um papel crucial na morfossintaxe. Esses conceitos formarão a base para a compreensão dos processos de formação de palavras e suas estruturas nas línguas, incluindo a Libras.

O termo "morfologia" tem suas raízes na língua grega, sendo derivado de *morfhê*, que significa "forma", e *logos*, que significa "estudo". Portanto a morfologia pode ser entendida como o estudo da forma das palavras. Essa noção de "forma" abrange um amplo espectro, referindo-se ao plano de expressão em contraste com o plano de conteúdo. Em uma língua, isso envolve dois níveis de realização: os sons, que por si só não têm significado, mas se combinam para formar unidades significativas; e as palavras, que têm regras específicas para a combinação e formação de unidades maiores.

No início dos estudos estruturalistas, o morfema foi definido por Bloomfield[17] como uma forma significativa recorrente que não pode ser desmembrada em unidades significativas menores. O autor também distingue a palavra do morfema, definindo-a como uma "forma livre mínima", ou seja, a menor unidade que pode ser pronunciada de maneira independente.

---

[17] BLOOMFIELD, L. *Language*. New York: Holt, 1933, p. 123.

Os morfemas constituem unidades estruturais primárias que apesar de geralmente serem significativas, não precisam necessariamente ter significado. Para exemplificar essa concepção, o autor analisa a palavra *cats* em inglês, argumentando que *cat* é uma raiz, enquanto *–s* é um afixo, especificamente um sufixo que se segue à raiz. Jensen destaca que o morfema *cat* é um morfema livre, pois pode ser utilizado autonomamente como uma palavra. Em contrapartida, o morfema *–s* é considerado preso, uma vez que não tem status de palavra quando utilizado isoladamente.

Elson e Pickett[18] reafirmam que a definição de morfema pode variar entre os linguistas; no entanto eles enfatizam a definição proposta por Hockett[19] como a mais apropriada: os morfemas são os elementos mínimos individualmente significantes nas elocuções de uma língua.

Além disso, é importante mencionar o trabalho de Matthews,[20] que contribui significativamente para o desenvolvimento dos estudos morfológicos. Para ele, a palavra é a unidade central da morfologia e as palavras gramaticais, isto é, as formas que uma palavra pode assumir dentro de um paradigma, são os elementos mínimos na análise sintática.

A estrutura de uma palavra reflete a organização hierárquica entre seus componentes ou morfemas. Dentro de um mesmo lexema há um formante comum que se destaca em seu significante, conhecido como raiz, que é irredutível gramaticalmente. Os demais constituintes que se unem à raiz são os afixos, que formam um grupo heterogêneo em relação à sua função na estrutura hierárquica.

O termo léxico, por sua vez, refere-se à base de constituintes e estruturas linguísticas organizadas internamente e disponíveis para a construção de novas palavras. Esses constituintes se combinam dinamicamente em um processo de atualização e enriquecimento das línguas, organizando-se de modo a aceitar ou rejeitar novas propostas, como neologismos. Embora o léxico possa parecer um conjunto finito, ele se enriquece continuamente, incorporando estruturas de outras línguas por meio de empréstimos, contato cultural e introdução de novas tecnologias.

---

[18] ELSON, B.; PICKETT, V. An introduction to morphology and syntax. *Foundations of Language*, The Hague, v. 2, n. 2, p. 213-217 1966.

[19] HOCKETT, C. F. *A course in modern linguistics*. Oxford: The Macmillan Company, 1958.

[20] MATTHEWS, P. H. *Morphology: an introduction to the Theory of Word-Structure*. Cambridge: Cambridge University Press, 1974.

Para entender a formação de sinais na Libras, é importante reconhecer que embora os linguistas que investigam a modalidade visual-espacial frequentemente prefiram o termo "sinais" em vez de "palavras", ambos se referem a entidades equivalentes em suas respectivas línguas. Zeshan[21] argumenta que a validade cultural e a psicolinguística dos sinais são equivalentes às das palavras nas línguas orais e estruturalmente, um sinal é composto por diversas unidades formativas com dupla articulação.

É importante ressaltar que os cinco parâmetros discutidos permeiam os níveis abstrato, morfológico e fonológico da língua, embora apresentem propriedades e realizações diferentes em cada um desses níveis. Os parâmetros que constituem um sinal, além de desempenharem funções equivalentes a fonemas e morfemas nas línguas de sinais, podem ser interpretados como traços abstratos que se relacionam com uma raiz também abstrata, contribuindo, assim, para a construção da semântica de um sinal.[22]

No entanto, a segmentação das unidades morfológicas das línguas sinalizadas é um tema que ainda carece de aprofundamento nos estudos linguísticos. Além disso, ainda não se definiu sistematicamente o que constitui um núcleo ou uma raiz nessas línguas, representando um desafio contínuo para linguistas e pesquisadores da área.

Em direção a isso, sugiro a definição de um núcleo que representa o elemento mais estável e semântico na formação dos sinais. Conceituei esse núcleo derivacional, que opera de maneira semelhante ao radical nas línguas orais, concatenado a parâmetros mais flexíveis, e é capaz de gerar significados distintos. Essa proposta será detalhada no Capítulo 4, em que abordarei o processo de ancoragem lexical.

Os aspectos relacionados à visuoespacialidade das línguas de sinais manifestam-se amplamente pela possibilidade de uso simultâneo de articuladores primários e secundários na produção linguística, além do canal de recepção visual. Essa característica única tem sido frequentemente associada à maneira como suas unidades mínimas são organizadas, o

---

[21] ZESHAN, U. Mouthing in Indopakistani Sign Language (IPSL): regularities and variations. *In*: BOYES, P. B.; SUTTON-SPENCE, R. *The hands are the head of the mouth*: the mouth as articulator in sign language. International Studies on Sign Language and Communication of the Deaf 39. Hamburg: Signum, 2001.

[22] Cf. MINUSSI, R. D.; RODERO-TAKAHIRA, A. G. Observações sobre os compostos da LIBRAS: a interpretação das categorias gramaticais. *Revista Linguística*/Revista do Programa de Pós-Graduação em Linguística, Universidade Federal do Rio de Janeiro, Rio de Janeiro, v. 9, n. 1, jun. 2013. Disponível em http://www.letras.ufrj.br/poslinguistica/revistalinguistica. Acesso em: 19 nov. 2015.

que resulta em processos morfológicos não concatenativos. Enquanto nas LO as unidades sublexicais se organizam de forma linear e sequencial, nas línguas sinalizadas os elementos mínimos parecem ser articulados simultaneamente, sobretudo pela capacidade de usar múltiplos articuladores ao mesmo tempo.

No entanto, embora a simultaneidade seja um traço marcante das LS, elas não deixam de lado a linearidade como um princípio de organização interna, o que as distingue significativamente das LO, mas também revela semelhanças estruturais. Sandler e Lillo-Martin[23] ressaltam que na formação de palavras nas línguas de sinais, a maioria dos processos não se dá por uma simples sequência linear de morfemas, na qual cada um se alinha diretamente a um significado ou função gramatical. Em vez disso, o componente morfológico pode abranger formas e processos que muitas são vezes mais abstratos e não seguem uma estrutura concatenativa típica. Por exemplo, algumas formas verbais podem ter seus movimentos duplicados ou alterados para criar substantivos. Além disso, morfemas classificadores são frequentemente associados a movimentos e localizações, resultando em formas complexas que retratam relações espaciais.

Os processos produtivos para a formação de novos sinais são robustos, como são na maioria das línguas faladas – uma descoberta significativa para a definição da faculdade da linguagem humana. É natural esperar que as semelhanças entre as línguas orais e as línguas de sinais sejam mais evidentes do que suas diferenças, afinal ambas compartilham características fundamentais como sistemas de comunicação humana. Porém é preciso considerar as peculiaridades que surgem na modalidade visual-espacial.

A partir dessas reflexões, no próximo capítulo vamos investigar essas relações, explorando uma questão que surge com frequência no ambiente acadêmico: *que sinal é esse?* Ao nos depararmos com um termo do português ainda sem um sinal estabelecido na Libras, qual seria o sinal adequado? E você, já se fez essa pergunta? E mais importante, qual seria a resposta?

---

[23] SANDLER, W.; LILLO-MARTIN, D. *Sign language and linguistic universals*. Cambridge: Cambridge University Press, 2006.

QUE SINAL É ESSE?

A criação de novos sinais em Libras no contexto acadêmico é fundamental para atender às necessidades da comunidade surda, especialmente à medida que essa comunidade conquista mais espaço em ambientes sociais e educacionais inclusivos. Com a inserção de surdos no meio acadêmico e profissional, surge a demanda por um vocabulário especializado que abarque os conceitos e as terminologias específicos dessas áreas.

Esse processo de expansão lexical não só enriquece a Libras como fortalece sua vitalidade e sua adaptabilidade, permitindo que os usuários expressem ideias complexas e participem plenamente em diversas disciplinas. O desenvolvimento de novos sinais, portanto, não apenas acompanha o crescimento acadêmico e profissional dos surdos, ele também reforça a Libras como uma língua dinâmica, em constante evolução e essencial para a construção de uma identidade surda mais sólida e presente nesses espaços.

A produtividade lexical no ambiente acadêmico é crucial para os estudos linguísticos, pois não apenas é recorrente, mas também está em constante expansão, impulsionada por fenômenos sociohistóricos significativos. Nos últimos anos, a promulgação da Lei n.º 10.436,[24] de 24 de abril de 2012, que reconhece a Libras como meio de comunicação e expressão de comunidades surdas brasileiras, juntamente ao Decreto n.º 5.626,[25] de 22 de dezembro de 2005, que regulamenta essa legislação, estabelece a obrigatoriedade de que as instituições de ensino superior integrem alunos surdos em salas regulares, com a presença de Tradutores e Intérpretes de Libras-Português (TILSP).

---

[24] BRASIL. Lei n.º 10.436, de 24 de abril de 2002. Dispõe sobre a Língua Brasileira de Sinais. *Diário Oficial da República Federativa do Brasil*. Brasília, DF, n. 79, p. 23 e 25, abr. 2002.

[25] BRASIL. Decreto Federal n.º 5.626, de 22 de dezembro de 2005. Regulamenta a Lei n.º 10.436, de 24 de abril de 2002, que dispõe sobre a Língua Brasileira de Sinais – Libras, e o art. 18 da Lei n.º 10.098, de 19 de dezembro de 2000. *Diário Oficial da União*, Brasília, DF, 2005.

O aumento do número de estudantes surdos no ensino superior no Brasil, como apontam diversos estudos,[26] intensificou a necessidade de ampliar o léxico da Libras para representar os conceitos acadêmicos das diferentes áreas curriculares. Esse cenário tem incentivado a expansão e a difusão da Libras no contexto universitário, levando à criação de glossários terminológicos bilíngues[27] que buscam coletar e registrar as ocorrências neológicas nesse ambiente, além de consolidar materiais de consulta e referência para os profissionais envolvidos no processo de ensino-aprendizagem, atuando em diversas áreas.

Diante desse novo quadro social, os surdos começaram a ocupar espaços acadêmicos que promovem o contato linguístico entre o português e a Libras. Essa convivência expõe os estudantes surdos a vocábulos específicos e técnicos relacionados a diferentes áreas de formação do ensino superior. Nesse contexto, observam-se inúmeras produções neológicas que expressam conceitos sem representação linguística na modalidade visual, muitas vezes desconhecidos pelos falantes de Libras, uma vez que, historicamente, estudantes surdos não progrediam em sua formação acadêmica.

Para os surdos acadêmicos, essa adaptação linguística vai além de uma simples transposição de termos; envolve a criação e a inovação de novos sinais que respondam às demandas de uma linguagem especializada, ainda em construção. A análise dos processos neológicos que emergem nesse contexto evidencia o papel criativo e ativo dos estudantes surdos e dos profissionais intérpretes na expansão lexical da Libras, permitindo que a linguagem acompanhe e sustente o avanço acadêmico.

3.1 AFINAL, COMO SURGEM NOVOS SINAIS?

A reflexão sobre o surgimento de novos sinais na Libras nos leva a considerar não apenas os mecanismos linguísticos envolvidos, mas também as dinâmicas sociais que permeiam o ambiente acadêmico. A criação de sinais novos é frequentemente impulsionada por necessidades comunicativas específicas que surgem à medida que os estudantes surdos

---

[26] FAVORITO, W.; MANDELBLATT, J.; FELIPE, T. A.; BAALBAKI, A. Processo de expansão lexical da Libras: estudos preliminares sobre a criação terminológica em um Curso de Pedagogia. *Lengua de Señas e Interpretación (LSI)*, Montevidéu, n. 3, p. 89-102, 2012.

[27] SANTOS, H. R. Produtividade lexical e produções lexicográficas em uma língua sinalizada. *Revista Da Anpoll*, Florianópolis, v. 1, n. 48, p. 114-123, 2019. Disponível em: https://doi.org/10.18309/anp.v1i48.1213. Acesso em: 10 ago. 2021.

se deparam com conceitos e terminologias sem representação na língua de sinais, como evidenciado nas histórias de Ana e Lucas.

Essa lacuna gera desafios para a tríade *professor, aluno surdo* e *intérprete de Libras* em um contexto de sala de aula inclusiva, exigindo maior colaboração entre todos os envolvidos para se adaptar e desenvolver estratégias linguísticas que atendam às necessidades de comunicação e aprendizado do aluno. Nesse cenário, os intérpretes de Libras enfrentam barreiras significativas, pois precisam encontrar maneiras eficazes de adaptar e transmitir novos conceitos para superarem os desafios de um vocabulário ainda em formação. A interação entre estudantes e intérpretes estimula um diálogo sobre a adequação dos recursos linguísticos disponíveis, reforçando a importância de um espaço colaborativo para a criação de novos sinais.

Os estudantes surdos enfrentam o desafio de construírem sentido a partir das informações transmitidas pelos intérpretes de Libras nas salas de aula, além de compreenderem os textos acadêmicos em português. Ao mesmo tempo, os intérpretes precisam desenvolver estratégias adequadas para transmitir conceitos complexos em várias áreas do conhecimento, tanto na interpretação simultânea quanto na tradução de textos acadêmicos.

Nesse contexto, o papel do professor é crucial. Ele deve ser um facilitador que compreende as particularidades da língua de sinais e a dinâmica da inclusão, criando um ambiente de aprendizado que valorize a diversidade linguística. Os professores devem estar cientes das dificuldades que os alunos surdos enfrentam ao lidarem com o conhecimento especializado e trabalhar em estreita colaboração com os intérpretes para garantir que o conteúdo seja acessível e significativo. Além disso, a formação contínua dos educadores é essencial para que eles possam adaptar suas metodologias de ensino e utilizar recursos que atendam às necessidades dos alunos surdos, promovendo uma sala de aula verdadeiramente inclusiva e estimulante.

Quando confrontados com a escassez lexical, a necessidade de aprendizado impulsiona a criação de novos sinais, ampliando o repertório lexical e adaptando-se às demandas das situações acadêmicas. Essa criação de novos sinais reflete a vitalidade da Libras e está intimamente conectada às transformações sociais em curso, sejam elas de natureza técnica, científica ou cultural. Todos esses novos termos, sejam criados ou emprestados, são classificados como neologismos, que refletem a capacidade adaptativa e a vitalidade de uma língua frente às mudanças, sobretudo impulsionadas pelo avanço do conhecimento técnico e científico.

Guilbert,[28] ao investigar a criatividade linguística, classifica os neologismos em quatro categorias: a) fonológicos; b) sintagmáticos; c) semânticos; e d) neologismos por empréstimo. O processo neológico classificado como fonológico é baseado na formação da substância do significante, resultando em uma combinação inédita de fonemas que não se origina de nenhuma palavra já existente na língua. Em contraste, os neologismos sintáticos ou morfológicos emergem da combinação de elementos recorrentes na língua analisada, reunindo todos os modos de formação que exigem a junção de diferentes componentes; são, portanto, morfossintáticos e englobam todas as formas de derivação e composição.

Os neologismos semânticos, por sua vez, ocorrem quando um item lexical já existente ganha um novo significado. Esses neologismos têm uma base léxica, mas quando usados em contextos específicos adquirem um significado renovado. Carvalho[29] acrescenta que "a maneira mais simples e econômica de surgimento de uma palavra não é através de construção e, sim, de mudança de sentido", destacando a mudança semântica como uma das principais fontes de inovação linguística. Por fim, o neologismo por empréstimo refere-se à importação de palavras de outra língua, com ou sem adaptação fonética ou gráfica.

Uma vez criado, o elemento neológico se integra à dinâmica da língua, contribuindo para a sua evolução. Esse processo resulta em alterações no funcionamento da língua, com o surgimento ou o desaparecimento de outros elementos. Quando os neologismos são aceitos pela sociedade e incorporados ao dicionário padrão,[30] eles tendem a permanecer na língua, evidenciando sua relevância e a flexibilidade linguística que caracteriza as línguas em geral, incluindo a Libras. Essa aceitação e o uso efetivo refletem a adaptabilidade dos surdos em um ambiente acadêmico em constante transformação, onde novas realidades e conceitos exigem soluções linguísticas inovadoras.

---

[28] GUILBERT, L. *La créativité léxicale*. Paris: Librairie Larousse, 1975.
[29] CARVALHO, N. *Empréstimos linguísticos*. São Paulo: Ática, 1989, p. 23.
[30] BORBA, F. S. *Organização de dicionários*: uma introdução à lexicografia. São Paulo: Universidade Estadual Paulista, 2003.

Nas próximas seções deste livro iremos explorar os processos mais produtivos de criação lexical em Libras, com um foco especial no ambiente acadêmico. Vamos investigar como os estudantes surdos têm empregado esses processos para desenvolver novos sinais que atendam às demandas de diversas áreas do conhecimento. Para isso, apresentarei exemplos práticos extraídos de uma pesquisa[31] realizada entre 2015 e 2017, que se baseou na observação de contextos reais em salas de aula do ensino superior.

O estudo envolveu a interação entre alunos surdos e intérpretes de Libras em diferentes cursos e períodos acadêmicos. A pesquisa teve como objetivo compreender como os estudantes surdos criavam sinais para termos técnicos e específicos, refletindo não apenas a vitalidade da língua de sinais, mas também a criatividade e a adaptabilidade desses alunos diante das exigências acadêmicas.

Naquele período, o interesse estava na coleta de novos sinais emergentes na Libras no ambiente acadêmico, explorando como esse fenômeno linguístico era percebido tanto por alunos surdos quanto por tradutores e intérpretes de Libras. Para isso, realizamos entrevistas com oito alunos surdos e dez tradutores e intérpretes de Libras, registrando as conversas em vídeo sempre que possível, com a presença simultânea do aluno e do intérprete. Quando o entrevistado era surdo, utilizava-se a Libras para garantir que a expressividade linguística fosse mantida, o que permitiu observar tanto os aspectos linguísticos quanto os extralinguísticos envolvidos na criação de novos sinais.

Durante as entrevistas, alunos surdos e TILSP compartilharam experiências sobre o uso da Libras em sala de aula, revelando as dificuldades enfrentadas na compreensão do conteúdo. Essas dificuldades são particularmente evidentes quando se deparam com a terminologia das disciplinas, bem como a escassez de sinais em Libras para muitos conceitos. Ao longo das conversas, os participantes eram incentivados a explorarem suas vivências no ambiente acadêmico, abordando os desafios que surgem ao terem contato com o conteúdo a partir do português e as estratégias que desenvolviam para traduzir e criar novos sinais para os termos que emergiam nas aulas.

---

[31] SANTOS, H. R. *Processos de expansão lexical da Libras no ambiente acadêmico*. 2017. 128f. Dissertação (Mestrado em Linguística e Língua Portuguesa) – Programa de Pós-Graduação em Letras, Pontifícia Universidade Católica de Minas Gerais, Belo Horizonte, 2017.

Essas discussões destacaram a criatividade e a adaptabilidade dos alunos surdos na busca por soluções linguísticas que se ajustavam às necessidades do contexto acadêmico. Além disso, eles relataram como essas experiências não apenas enriqueciam seu aprendizado, mas também contribuíam para o fortalecimento da Libras como uma língua viva, em constante evolução. Ao se depararem com conceitos novos, os alunos frequentemente encontram formas inovadoras de expressá-los, refletindo a riqueza do processo de interação entre a Libras e o ambiente universitário.

Os sinais que serão apresentados como resultados dos processos morfológicos utilizados para a expansão lexical servirão como base para evidenciar os mecanismos linguísticos em ação, destacando a importância da observação empírica na descrição e na análise da produção lexical em Libras.

Contudo os dados refletem o uso da Libras em um contexto acadêmico específico, de modo que, até então, muitos dos sinais criados não haviam sido submetidos à validação comunitária. Isso significa que esses sinais eram utilizados apenas no contexto de sala de aula, por um único aluno surdo e pelo intérprete educacional, sem o devido reconhecimento ou registro pela comunidade surda mais ampla. Essa ausência de validação tem efeitos significativos na língua: os sinais podem se tornar efêmeros, limitando sua disseminação e sua aceitação entre outros usuários da Libras. Além disso, a falta de um processo formal de validação pode gerar confusão e mal-entendidos, já que os sinais criados em ambientes acadêmicos podem não ser compreendidos fora desse contexto restrito.

Portanto é imprescindível que os novos sinais sejam discutidos e reconhecidos pela comunidade surda, garantindo sua integração no léxico da Libras e favorecendo a inclusão dos surdos no ambiente acadêmico. A validação dos sinais, realizada tanto por membros da comunidade surda quanto por especialistas na área, é fundamental para assegurar que a língua continue a evoluir e a atender às necessidades de seus usuários.

A falta de registro e de dicionarização dos neologismos é uma questão crítica que impacta diretamente a inclusão e a acessibilidade dos estudantes surdos nas instituições de ensino superior. Embora a Libras seja reconhecida como uma língua legítima, muitos sinais utilizados em contextos acadêmicos ainda não estão formalmente documentados ou reconhecidos em dicionários especializados.

A ausência de um léxico devidamente documentado dificulta o acesso ao conhecimento especializado por parte dos estudantes surdos.

Quando novos conceitos são introduzidos em sala de aula sem sinais adequadamente validados, os alunos podem ter dificuldade em compreender o conteúdo, o que pode levar a uma experiência educacional frustrante e limitada.

A escassez de materiais lexicográficos pode resultar na criação de sinais que são utilizados apenas em contextos específicos, como nas aulas de um único professor ou entre um grupo de estudantes. Isso pode criar uma disparidade no uso da língua e dificultar a comunicação entre diferentes grupos de surdos e intérpretes.

O reconhecimento e a aceitação de neologismos são cruciais para incorporar novos conceitos que emergem das transformações sociais e acadêmicas. Assim, deve-se considerar o registro formal desses novos sinais emergentes no contexto acadêmico, sendo os impactos desta ação: a) o registro dos sinais permite que eles sejam validados pela comunidade surda e pelos especialistas, garantindo que sejam reconhecidos como parte do léxico da língua; b) a partir de produções lexicográficas da Libras, os estudantes surdos teriam acesso a um recurso valioso que os ajudaria a compreender melhor os conteúdos e a participarem ativamente das aulas; a dicionarização ajuda a criar um ambiente educacional mais inclusivo, onde os alunos surdos podem aprender em igualdade de condições com seus colegas ouvintes, sem barreiras linguísticas; c) um dicionário robusto também serve como base para pesquisas futuras sobre a Libras, incentivando o desenvolvimento de novos estudos e novas práticas que beneficiem a comunidade surda.

Esse processo não apenas enriquece o vocabulário da Libras, ele também estimula a participação ativa da comunidade surda na construção de sua própria língua. Para que a Libras continue a se desenvolver e a atender às necessidades de seus falantes, é crucial que haja esforços colaborativos entre a comunidade surda, educadores e especialistas para documentar e validar novos sinais, garantindo que a língua se fortaleça como um recurso vital no campo acadêmico. Esse envolvimento garante que os sinais criados sejam pertinentes e representativos, refletindo a realidade dos falantes de Libras em contextos acadêmicos e do cotidiano.

No próximo capítulo conheceremos as estratégias empregadas pelos surdos na construção de um léxico que atenda às suas necessidades comunicativas e acadêmicas, explorando os processos morfológicos acessados para a expansão lexical no ambiente acadêmico. Compreender os mecanismos morfológicos por trás da criação de neologismos em

Libras nos ajuda a entender o dinamismo dessa língua. Esses processos demonstram como a Libras, assim como outras línguas, adapta-se para atender às necessidades de seus usuários, promovendo uma comunicação mais eficiente e inclusiva, especialmente em contextos acadêmicos.

PROCESSOS DE EXPANSÃO LEXICAL

A compreensão da modalidade linguística gesto-visual é fundamental para desvendar os fenômenos linguísticos específicos dessas línguas, que podem diferir bastante dos das línguas orais. Isso nos leva a uma questão intrigante: será que os processos de criação lexical nas línguas de sinais seguem os mesmos padrões que nas línguas orais? Admitimos que há processos semelhantes, mas sem ignorar a possibilidade de que cada modalidade possua mecanismos próprios. Veremos, portanto, como a neologia – a criação de novas palavras ou sinais – se manifesta na Libras.

4.1 DERIVAÇÃO E COMPOSIÇÃO

No que tange às ocorrências de expansão lexical, as ocorrências neológicas sintáticas ou morfológicas são dadas pelos processos gramaticais de derivação e composição. É importante esclarecer a distinção entre esses dois mecanismos gramaticais.

A **derivação** é um processo que consiste na formação de novas palavras a partir de uma palavra-base, por meio da adição de afixos (prefixos e sufixos). Esse processo pode alterar o significado da palavra original e, muitas vezes, sua categoria gramatical. Por exemplo, a partir do substantivo "feliz" podemos formar o adjetivo "infeliz" com o prefixo "in-", que indica negação. A derivação, portanto, é um mecanismo fundamental para enriquecer o léxico de uma língua, possibilitando a criação de palavras que atendem a novas necessidades comunicativas.

Por outro lado, a **composição** envolve a combinação de duas ou mais palavras independentes para criar uma nova palavra. Em muitos casos, esse processo mantém as características semânticas e gramaticais das palavras que o compõem. Por exemplo, a palavra "guarda-chuva" resulta da junção de "guarda" e "chuva", formando um novo conceito que se refere a um objeto específico. A composição também desempenha um papel significativo na expansão lexical, permitindo a criação de termos que podem expressar conceitos mais complexos ou específicos.

Assim, tanto a derivação quanto a composição são essenciais para a dinâmica do léxico, permitindo a formação de neologismos que refletem as mudanças e as inovações da linguagem. Azeredo[32] informa:

> Por definição, uma palavra é formada por derivação quando provém de outra, dita primitiva (jardineiro deriva de jardim, incapaz deriva de capaz, desfile deriva de desfilar). Também por definição, uma palavra é formada por composição quando resulta da união de outras duas ou mais palavras, ditas simples. Por exemplo, guarda-roupa, porco-espinho, azul-marinho, pé de moleque, fotomontagem (formado de foto (grafia) + montagem), motosserra (formado de moto(r) + serra), eletrodoméstico (formado de elétr(ico) + doméstico).

A derivação é um mecanismo de formação de palavras altamente produtivo em várias línguas, que consiste na adição de um afixo, seja ele prefixo ou sufixo, a um morfema lexical. Os tipos mais comuns de derivação incluem a derivação prefixal e a derivação sufixal. A derivação prefixal se refere à formação de novas palavras por meio da adição de prefixos, enquanto a derivação sufixal utiliza sufixos para criar novos substantivos, adjetivos, verbos ou advérbios. Segundo Cunha e Cintra,[33] "tanto os sufixos como os prefixos formam novas palavras que, em regra, conservam uma relação de sentido com o radical derivante".

Assim, a expansão do léxico abrange dois processos principais de formação de palavras: a derivação, já discutida, e a composição. O estudo desses processos é realizado a partir de uma perspectiva sincrônica, que considera a existência de palavras simples e compostas. As palavras simples podem ser classificadas como primitivas, que são aquelas que não derivam de nenhuma outra palavra, ou derivadas, que resultam da adição de afixos a um morfema lexical. As palavras compostas, por sua vez, são formadas com base na combinação de palavras simples.

Petter[34] explica que a composição se distingue da derivação por seu mecanismo próprio de estruturação, uma vez que ela tende a expressar noções mais comuns e gerais, enquanto a composição permite categorizações mais específicas. A associação de dois elementos independentes cria

---

[32] AZEREDO, J. C. *Fundamentos de gramática do português*. 5. ed. Rio de Janeiro: Zahar, 2010, p. 79.
[33] CUNHA, C.; CINTRA, L. *Nova gramática do português contemporâneo*. 5. ed. Rio de Janeiro: Lexikon, 2008, p. 98.
[34] PETTER, M. M. T. Morfologia. *In*: FIORIN, J. L. (org.). *Introdução à linguística*: princípios de análise. São Paulo: Contexto, 2003, p. 72.

formas compostas, que muitas vezes se afastam do significado particular de cada um de seus componentes, como exemplificado em "amor-perfeito". É importante ressaltar que a composição é um processo de formação de palavras amplamente atestado em diversas línguas e é considerado um fenômeno universal.

No debate sobre o que caracteriza um composto, Guevara e Scalise[35] afirmam que as relações gramaticais estabelecidas entre os constituintes de uma composição são universais e apresentam-se nas seguintes formas: a) subordinação – relação entre predicado e argumento; b) atribuição – relação entre núcleo e modificador; c) coordenação – relação conjuntiva ou disjuntiva. O processo de composição, portanto, consiste em criar um novo item lexical a partir da junção de dois ou mais radicais. O resultado final representa uma ideia única, que pode diferir dos sentidos expressos pelos seus componentes individuais.

O autor classifica a composição em dois tipos: (a) por justaposição, em que os componentes da palavra são geralmente conectados por um hífen; e (b) por aglutinação, em que os elementos se unem para formar um único vocábulo. Essa distinção é crucial para entender as diferentes maneiras como as palavras podem ser formadas e como elas funcionam dentro do sistema linguístico.

Quanto à forma, os elementos de uma palavra composta podem estar simplesmente justapostos, conservando cada qual a sua integridade. Do ponto de vista fonológico, na composição por justaposição ocorre a junção de morfemas lexicais que preservam sua autonomia fonológica. Em contraste, na composição por aglutinação, dois morfemas lexicais se combinam, resultando na perda da autonomia fonológica de um dos componentes. Exemplos desse processo incluem as palavras "embora" (em + boa + hora), "aguardente" (água + ardente) e "planalto" (plano + alto).

Figueiredo Silva e Sell[36] consideram a composição um processo produtivo na LS. Para as autoras, os compostos podem ser classificados de acordo com a modalidade visual. Os compostos chamados de "aparentes" apresentam "ordem variável entre os sinais que os compõem, e cada sinal pode ocorrer isoladamente".

---

[35] GUEVARA, E.; SCALISE, S. Searching for universals in compounding. *In*: SCALISE, S. B. A.; MAGNI, E. *Universals of language today*. Amsterdam: 2009, p. 101-128.

[36] FIGUEIREDO SILVA, M. C.; SELL, F. F. S. *Algumas notas sobre os compostos em português brasileiro e em Libras*, p. 17, 2009. Disponível em: http://linguistica.fflch.usp.br/sites/linguistica.fflch.usp.br/files/FIGUEIREDO-SILVA-SELL.pdf. Acesso em: 04 jun. 2016.

Citam como exemplo dessa classificação a combinação dos sinais de HOMEM ou MULHER com um sinal base. É o que ocorre na formação dos sinais de MENINO e MENINA, formados pela junção dos sinais MULHER + PEQUENO e HOMEM + PEQUENO, respectivamente.

Figura 1 – Sinal de Menina, em Libras

Fonte: a autora

Figura 2 – Sinal de Menino, em Libras

Fonte: a autora

Por outro lado, as autoras esclarecem que essa combinação entre sinais não pode ser entendida como verdadeira composição – por isso a nomeação *aparente*, tendo em vista que a ordenação entre os sinais é variável, embora a ordem mais comum seja [HOMEM + N] ou [MULHER + N].

Figura 3 – Sinal de Costureira, em Libras

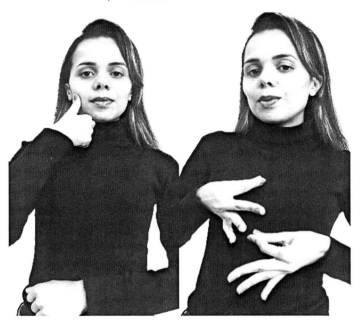

Fonte: a autora

Ainda para as autoras, os compostos considerados verdadeiros são caracterizados pela ordem fixa entre os itens lexicais, isto é, seguem uma sequência na articulação dos sinais que não pode ser alterada; por exemplo, em VIGIA ou COSTUREIRA seguem a ordem [SUJEITO + AÇÃO VERBAL], necessariamente [HOMEM + VIGIAR], [MULHER + COSTURAR].

Figura 4 – Sinal de Vigia, em Libras

Fonte: a autora

A exigência de uma ordem fixa para compostos em Libras é uma característica que também pode ser observada em compostos de línguas orais. Essa propriedade permite distinguir os compostos não apenas de sintagmas da língua, mas também de certas expressões idiomáticas, conforme afirma Katamba.[37] Segundo o autor, enquanto os elementos de um sintagma nominal podem ser separados por determinados processos sintáticos, os elementos que formam um composto não podem ser desmembrados dessa maneira.

Um tipo especialmente produtivo de formação de compostos em Libras refere-se à combinação de itens lexicais que se unem para criar novos vocábulos que designam locais. Esse é o terceiro tipo de composição apresentado por Figueiredo-Silva e Sell.[38] Por exemplo, compostos são gerados a partir da justaposição dos itens lexicais [CASA + N]. Vale observar que além da sequência fixa dos itens lexicais, há a obrigatoriedade de que ambos os sinais sejam formas independentes na língua. Isso é evidente em compostos como "PADARIA" e "IGREJA", que se formam pela junção de [CASA + PÃO] e [CASA + CRUZ], respectivamente.

---

[37] KATAMBA, F. *Morphology. Palgrave modern linguistics*. London: Palgrave Macmillan Ed., 1993.
[38] FIGUEIREDO-SILVA; SELL, 2009.

Nas línguas de modalidade visual-espacial, a formação de compostos ocorre com a incorporação de itens lexicais seguindo as limitações de seus articuladores. A esse respeito, Aronoff et al.[39] explicam que devido à natureza das Línguas de Sinais, existe a possibilidade de uma forma de composição que não pode ser verificada em línguas orais: a composição simultânea. Essa possibilidade se justifica porque essa modalidade utiliza dois articuladores – as duas mãos. Assim, os compostos podem ser criados, em princípio, por meio da articulação simultânea de dois sinais diferentes, um em cada mão.

Liddell,[40] ao investigar compostos em ASL, verificou que mudanças predicáveis ocorrem no composto pelo fato de ele estar sujeito à aplicação de regras que concordam com a especificidade das LS. O autor observou que na formação de sinais compostos, partes de um ou de ambos os sinais eram apagadas em favor da preservação de determinadas organizações sequenciais. Sobre o assunto, Liddell[41] especifica regras de formação dos sinais compostos, resultando na alteração dos sinais integrantes da composição em relação a cada um dos sinais individuais, sendo nomeadas por Leite (2008) como: a) regra do contato; b) regra da sequência única; c) regra da antecipação da mão dominante.

A regra do contato diz que um sinal tem um segmento do tipo suspensão. Essa regra determina se a mão entra em contato com o corpo na articulação de sinal; quando ele integrar uma composição, envolverá apenas o segmento de suspensão, excluindo os demais. Em consonância, Quadros e Karnopp[42] argumentam que quando dois sinais ocorrem juntos para formar um composto, caso o primeiro sinal apresente contato, este tende a permanecer; se o primeiro sinal não apresentar, mas o segundo, sim, o contato permanece na composição.

A regra da sequência única demonstra que quando sinais compostos são formados, o movimento interno ou a repetição do movimento de um sinal é eliminado. Por sua vez, a regra da antecipação da mão não dominante aponta que, frequentemente, a mão passiva do sinalizador antecipa o segundo sinal no processo de composição.

---

[39] ARONOFF, M. et al. Morphological universals and the sign language type. In: BOOIJ, G.; MARLE, J. van. Yearbook of morphology. Netherlands: Kluwer Academic Publishers, 2004. p. 19-38.
[40] LIDDELL, S. K. Think and believe: sequentiality in american sign language. Language 60, 1984. p. 372-399.
[41] Idem.
[42] QUADROS, R. M.; KARNOPP, L. B. Língua de sinais brasileira: estudos linguísticos. Porto Alegre: Artmed, 2004.

A partir da observação de contextos reais em salas de aula de graduação, foi identificado um sinal criado para "LEI COMPLEMENTAR" (um tipo de lei que visa complementar, explicar e adicionar algo à Constituição). O aluno surdo utiliza o sinal existente para "LEI" e o combina com o sinal que representa a ação de "INSERIR", em Libras, formando um sinal unitário inédito. Estruturalmente, os parâmetros que compõem o sinal de "LEI" são preservados e articulados em sua totalidade no composto. O segundo sinal agregado, "INSERIR", é modificado quando o falante dispensa a mão que originalmente estabelecia contato com a mão dominante, mantendo apenas a articulação dos parâmetros da mão dominante, que está apoiada na estrutura articulatória do sinal "LEI".

Essa ocorrência neológica confirma a regra do contato: quando dois sinais ocorrem juntos para formar um composto e o primeiro sinal estabelece contato entre as mãos, esse contato tende a ser mantido. Além disso, se o primeiro sinal não apresenta contato, mas o segundo sinal o faz, o contato também permanece na composição. É interessante notar a relação de independência da Libras em relação ao português brasileiro: nesse caso, uma palavra composta em PB, formada por justaposição, originou um composto aglutinado em Libras.

Figura 5 – Sinal de Lei Complementar

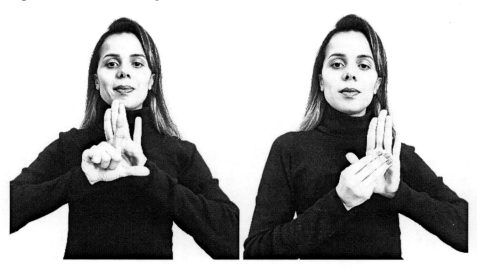

Fonte: a autora

Ao formar o novo sinal, o aluno parte de sinais já conhecidos e dominados. Isso não apenas reduz a carga cognitiva necessária para aprender um novo conceito, como também permite que o aluno faça conexões entre ideias. O sinal para "LEI" já tem um significado estabelecido, e a introdução do sinal "INSERIR" acrescenta uma nova dimensão ao conceito, permitindo que o aluno compreenda que uma "LEI COMPLEMENTAR" é uma adição ou uma explicação a uma lei já existente.

A associação de dois sinais familiares facilita a memorização do novo termo. Quando o aluno reconhece que "LEI" e "INSERIR" se juntam para formar "LEI COMPLEMENTAR", ele cria uma imagem mental clara que o ajuda a reter o conceito em sua memória. Esse tipo de aprendizagem associativa é fundamental em ambientes acadêmicos, em que novos termos e novos conceitos são frequentemente introduzidos.

No contexto da sala de aula do curso de Direito, o aluno surdo, ao se referir ao termo "PENA", utiliza a composição por justaposição dos sinais "PERIGO" e "PRISÃO". Essa escolha evidencia a relação entre os conceitos envolvidos e a forma como a morfologia da Libras permite a criação de novos termos a partir da combinação de sinais já conhecidos.

A relação no processo morfológico está ligada à maneira como os elementos lexicais se unem para formar um novo conceito. Ao compor "PENA" a partir de "PERIGO" e "PRISÃO", o aluno está expressando a ideia de que a pena é uma consequência que envolve a noção de perigo associado à criminalidade e à privação de liberdade. Esse tipo de composição não apenas reflete o significado intrínseco da pena no contexto legal, ele também proporciona um entendimento mais imediato e intuitivo para o aluno, que já conhece os sinais envolvidos.

Assim, a morfologia em Libras permite a criação de neologismos por meio de processos como a justaposição, em que os sinais mantêm sua forma e seu significado individual, mas ao se juntarem geram um novo conceito que é facilmente reconhecido. Isso facilita a compreensão e o aprendizado, uma vez que o aluno pode associar os sinais conhecidos a uma nova ideia, consolidando o conhecimento de forma mais eficaz.

Figura 6 – Sinal de Pena

Fonte: a autora

Seguindo o exemplo da criação do sinal para "SOCIEDADE" a partir da junção dos sinais "SÓCIO" e "EMPRESA", o aluno recorre a sinais que já conhece, o que facilita a compreensão do novo termo. Ao combinar "SÓCIO" – um sinal com uma conotação de pertencimento a um grupo, geralmente em um contexto de lazer – com "EMPRESA", que se refere a uma organização comercial, o aluno está estabelecendo uma conexão lógica entre os conceitos.

Essa associação é crucial para a aprendizagem, pois aproveita o conhecimento prévio do aluno para introduzir novas ideias. Ao situar o termo "SOCIEDADE" em um contexto empresarial, o aluno expande seu vocabulário e aprofunda sua compreensão do conceito dentro de um ambiente acadêmico específico. Essa contextualização é vital no ensino, especialmente em disciplinas como Direito, em que os termos técnicos precisam ser claramente compreendidos.

Além disso, o uso de sinais já conhecidos torna o processo de memorização mais eficiente. O aluno, ao unir "SÓCIO" e "EMPRESA", cria uma imagem mental que representa "SOCIEDADE", facilitando a retenção do conceito. Essa estratégia é comum em ambientes de aprendizado, em que a construção de associações ajuda a solidificar novos conhecimentos.

Figura 7 – Sinal de Sociedade Empresarial

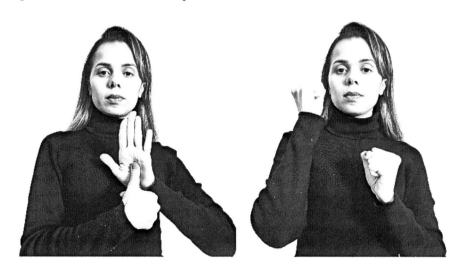

Fonte: a autora

A criação do sinal para "EMENDA CONSTITUCIONAL" é um exemplo significativo da dinâmica de formação de novos sinais na Libras, refletindo a necessidade de expressar conceitos complexos de maneira acessível e compreensível para os alunos surdos. Nesse caso, a combinação dos sinais "CONSTITUIÇÃO" e "TRANSFORMAR/ALTERAR" representa a ideia de que uma emenda modifica o texto constitucional, o que é essencial para o aprendizado dos alunos surdos em contextos acadêmicos e jurídicos.

A aglutinação dos dois sinais reflete uma estratégia linguística que facilita a comunicação ao reduzir a complexidade de uma ideia extensa em uma única expressão visual. A supressão de uma das mãos durante a articulação resulta em um sinal mais ágil e eficiente, mantendo a clareza do significado. Essa relação entre os sinais é motivada pela necessidade de conectar os conceitos de forma intuitiva e lógica, permitindo que os alunos surdos compreendam melhor o conteúdo abordado.

Figura 8 – Sinal de Emenda Constitucional

Fonte: a autora

Ao utilizar sinais que já são de seu conhecimento, o aluno surdo amplia seu vocabulário e torna o aprendizado mais eficiente por meio da associação. Essa prática de combinar sinais conhecidos para formar novos termos permite que o aluno faça conexões mais rapidamente e contextualize os conceitos em situações específicas.

Essa estratégia de aprendizado evidencia como a composição de sinais em Libras é uma ferramenta poderosa na formação de neologismos, contribuindo para a ampliação do léxico e a construção de um conhecimento mais sólido. Dessa forma, a utilização de sinais já conhecidos na formação de novos compostos demonstra a eficácia da composição como um processo regular e essencial para o desenvolvimento linguístico dos surdos.

4.2 POLISSEMIA E HOMONÍMIA

Podemos notar que o neologismo se manifesta de forma significativa por meio da reutilização de unidades léxicas existentes, conferindo novos significados e promovendo a expansão do léxico. O processo de neologia semântica, por sua vez, pode resultar em polissemia.

A polissemia é uma característica intrínseca ao signo linguístico. Devido à sua arbitrariedade – isto é, a ausência de uma ligação natural entre o nome e o objeto a que se refere –, é natural que um mesmo significante possa representar diferentes significados. Embora o conceito de polissemia seja bastante abrangente, esta obra se concentrou em um entendimento mais restrito, que se relaciona ao processo inerente às línguas naturais. Nesse contexto, um item lexical pode passar a ter expansões semânticas, refletindo seu caráter polissêmico.

As alterações semânticas frequentemente surgem em resposta a novas necessidades comunicativas e a polissemia pode consolidar uma evolução semântica. A produtividade da neologia semântica, mediada pela polissemia, contribui para o desenvolvimento dos significados, acompanhando os avanços da sociedade. Para Almeida,[43] as expressões polissêmicas são frutos de processos de extensão de significados que só podem ser plenamente compreendidos dentro de um contexto específico. Assim, a polissemia também estabelece a lei da economia linguística, pois o mesmo signo pode ser reaproveitado de diversas maneiras, variando seus significados.

Por meio do processo polissêmico forma-se uma rede de sentidos flexíveis, adaptáveis ao contexto e abertos à mudança. Almeida[44] compreende que

> [...] a polissemia é um fenômeno graduável, ou seja, é um fenômeno prototípico, em que todas as palavras são altamente polissêmicas, com sentidos ligados entre si e a um centro prototípico por diferentes mecanismos cognitivos, incorporando sentidos e relações em quantidade maior ou menor de flexibilidade.

Martins e Bidarra[45] chamam a atenção para o fenômeno da ambiguidade lexical em Libras, que ocorre a partir de sinais morfologicamente idênticos, mas que apresentam significados distintos, dependendo do contexto em que são utilizados.

A ambiguidade lexical pode se estabelecer de duas maneiras: por homonímia, quando os sentidos da palavra ambígua não têm relação

---

[43] ALMEIDA, N. T. de. *Gramática da língua portuguesa*: para concursos, vestibulares, ENEM, colégios técnicos e militares. 9. ed. São Paulo: Saraiva, 2009.

[44] Idem.

[45] MARTINS, T. A; BIDARRA, J. *Um estudo descritivo sobre as manifestações de ambiguidade lexical em Libras*. 2013. 159f. Dissertação (Mestrado em Letras) – Universidade Estadual do Oeste do Paraná, Cascavel, 2013.

semântica entre si, e por polissemia, quando os possíveis sentidos da palavra compartilham uma relação semântica. A homonímia pode ser percebida em Libras nos sinais para SÁBADO e LARANJA, que, apesar de serem foneticamente semelhantes, não têm relação de significado.

A polissemia, por outro lado, é um fenômeno que permite que um único sinal ou item lexical tenha múltiplos significados que estão interligados. Esse processo é crucial para a expansão do léxico em Libras, uma vez que um sinal pode adquirir novos sentidos com base em contextos específicos. Por exemplo, um sinal que representa o conceito de "CASA" pode, em determinados contextos, também se referir a "MORAR" ou "MORADIA", dependendo do uso na comunicação.

Os sinais de ENSINAR e EDUCAÇÃO, em Libras, apresentam uma polissemia, pois integram o mesmo campo semântico embora tenham significados distintos. Eles mantêm uma relação semântica entre si que somente podem ser identificada pelo contexto em que se inserem, visto serem formados pelos mesmos parâmetros articulatórios.

Figura 9 – Sinal de Ensinar/Educação, em Libras

Fonte: a autora

O neologismo semântico deve ser analisado sempre dentro de um contexto, por ocasionar uma ambiguidade lexical. A esse respeito temos como exemplo o uso do sinal de "CAFÉ" em Libras para referenciar o termo "JAVA" em um contexto de aula de programação. A criação de sinais homônimos, como no caso do sinal para "JAVA" (indicador de uma linguagem de programação) que é realizado da mesma forma que o sinal para "CAFÉ" em Libras, pode ser entendida por diversas motivações linguísticas e sociais.

O uso de um sinal homônimo pode ser uma estratégia para simplificar a comunicação. Ao empregar um sinal já existente, como "CAFÉ", para representar "JAVA", o usuário evita a necessidade de desenvolver um novo sinal, economizando tempo e esforço na comunicação.

Nesse caso, especialmente os alunos surdos podem ter maior facilidade em associar o novo termo "JAVA" a um sinal familiar que remete diretamente à imagem visual que representa o programa. Durante uma conversa em que o tema é a programação de computadores, o sinal que remete a "CAFÉ" será compreendido como "JAVA". A ambiguidade é resolvida pelo contexto comunicativo, permitindo que os interlocutores entendam o significado pretendido.

Curiosamente, o termo "JAVA" é regularmente associado ao café, pois o nome da linguagem de programação deriva da ilha de Java, famosa por sua produção de café. Assim, a homonímia pode ser vista como uma forma de conectar os significados por meio de referências culturais, criando uma camada adicional de significado.

Figura 10 – Sinal de Java

Fonte: a autora

    Esse entrelaçamento semântico da polissemia e da homonímia favorece a economia linguística, pois permite que os falantes reaproveitem a estrutura de um sinal para expressarem diversas ideias, facilitando a comunicação e evitando a necessidade de novos significantes para cada nuance de significado. Assim, tais processos não só enriquecem a linguagem, como também reflete a complexidade e a adaptabilidade das línguas sinalizadas às necessidades comunicativas de seus usuários.

4.3 EMPRÉSTIMOS LINGUÍSTICOS

    Os processos morfológicos, como derivação, composição, polissemia e homonímia, desempenham um papel essencial na ampliação do léxico das línguas de sinais, facilitando a criação e a adaptação de novos sinais e significados. A derivação possibilita a formação de palavras a partir de morfemas existentes, enquanto a composição combina sinais para criar novos conceitos, estabelecendo relações semânticas que enriquecem a comunicação. A polissemia, ao permitir que um único sinal represente múltiplos significados interligados, e a homonímia, ao usar sinais idênticos para significados distintos, demonstram a dinâmica e a adaptabilidade das línguas de sinais.

Nesse cenário, os empréstimos linguísticos emergem como uma estratégia crucial para a ampliação do acervo lexical, permitindo a incorporação de novas palavras e novos conceitos de outras línguas, o que diversifica ainda mais as possibilidades expressivas e comunicativas das línguas de sinais. Essa integração de elementos externos enriquece o vocabulário e reflete a evolução e a contemporaneidade das práticas comunicativas de seus usuários.

O português brasileiro, por exemplo, tem uma variedade de palavras que foram incorporadas ao seu léxico ao longo do tempo. Vocábulos de origem francesa começaram a ser absorvidos a partir do século XVIII, com um aumento significativo na primeira metade do século XX. Atualmente, o PB tem acolhido um número crescente de palavras oriundas da língua inglesa.

Por outro lado, as línguas de sinais, devido às suas características específicas, não têm as mesmas possibilidades de empréstimos que as línguas orais. No entanto elas mantêm um contato estreito com a língua oral dominante, podendo ser diretamente influenciadas por ela. Rodrigues e Baalbaki[46] destacam essa interação potencial entre essas línguas, porém é fundamental reconhecer que a Libras e o português pertencem a modalidades diferentes, possuindo sistemas linguísticos com formas distintas de compreender a realidade.

Um dos principais mecanismos que favorecem esse processo de empréstimo é a transliteração, que se refere à representação das letras de uma língua oral por meio de configurações manuais em uma língua de sinais. No âmbito das línguas de sinais, o termo "datilologia" é frequentemente utilizado para descrever essa prática, com um significado semelhante ao de "soletração" nas línguas orais. Segundo Nascimento,[47] a datilologia consiste na representação de palavras ou partes de palavras

---

[46] RODRIGUES, I. C.; BAALBAKI, A. C. F. Práticas sociais entre línguas em contato: os empréstimos linguísticos do Português à Libras. *Revista Brasileira de Linguística Aplicada*, Belo Horizonte, v. 14, n. 4, p. 869-897, 2014.

[47] NASCIMENTO, C. B. *Empréstimo linguístico do português na Língua de Sinais Brasileira – LSB:* línguas em contato. 2010. 123f. Dissertação (Mestrado em Linguística) – Universidade de Brasília, Brasília, 2010.

de línguas orais mediante o uso conjunto de configurações manuais, equivalente à representação das letras do alfabeto em um espaço articulatório específico. Comumente, as letras são articuladas em um espaço neutro.

A datilologia é particularmente útil para representar nomes próprios e locais, sobretudo quando não se tem certeza de que o interlocutor conhece o sinal correspondente ou quando esse sinal ainda não foi lexicalizado na língua. Os alfabetos gráficos servem como a principal fonte de empréstimos das línguas orais para as línguas de sinais, refletindo um tipo de empréstimo bastante comum nessa segunda modalidade.

As palavras emprestadas por meio da datilologia tendem a se lexicalizar, uma vez que muitas vezes são estranhas à fonologia do sistema das línguas de sinais. Esse tipo de empréstimo, realizado por intermédio da transliteração, pode ser classificado em dois grupos: os empréstimos por transliteração pragmática, que são puramente datilológicos, e os empréstimos por transliteração lexicalizada, que já se integraram ao léxico da língua de sinais.

O empréstimo por transliteração pragmática ocorre em diversos contextos em que se faz necessário nomear referentes que não têm equivalentes lexicalizados em línguas de sinais ou que são desconhecidos por pelo menos um dos interlocutores. Esse tipo de transliteração é particularmente útil em situações que exigem a introdução de conceitos que já estão consolidados na língua oral, mas ainda não têm representação em língua de sinais.

Por outro lado, a transliteração lexicalizada apresenta um ritmo de articulação diferente daquele observado na datilologia pragmática. Durante o processo de lexicalização, a datilologia passa a incorporar características linguísticas que permitem a adaptação do empréstimo à estrutura das línguas de sinais, o que altera a velocidade de articulação. Assim, alguns desses empréstimos ainda se fundamentam na datilologia, mas são incorporados à estrutura visual-espacial da língua. Exemplos dessa prática incluem a representação de palavras inteiras, como A-L-H-O para "alho" ou S-O-L para "sol", em que novos parâmetros são introduzidos, conferindo maior estabilidade ao sinal.

Além disso, existe uma categoria de empréstimos que representa uma transição entre a datilologia pura e a construção lexical típica das línguas de sinais. Esse fenômeno pode ser observado nos estudos sobre a Língua de Sinais da Nova Zelândia (NZSL). Nascimento[48] aponta que a NZSL tem sido influenciada pela língua inglesa em seus processos de formação, modificação e criação de sinais. Os surdos na Nova Zelândia são educados em inglês e mantêm um contato constante com a forma escrita da língua, resultando em uma interação dinâmica entre as duas línguas.

Muitos sinais da NZSL são derivados de palavras soletradas que sofreram adaptações na língua-alvo. Exemplos documentados por Fischer e Siple[49] incluem sinais correspondentes às letras T-S para "*toys*", C-B para "*club*", J-N para "*June*", J-L para "*July*", J-B para "*job*", T-T para "*that*" e A-L para "*all*". Essa prática demonstra como a influência da língua oral pode enriquecer e expandir o vocabulário das línguas de sinais, ao mesmo tempo em que revela a adaptabilidade e a criatividade dos usuários em integrar novos elementos lexicais em suas comunicações.

Outro tipo de empréstimo identificado na NZSL é o empréstimo por inicialização, conhecido como "*initialized signs*". Os sinais gerados por esse processo frequentemente apresentam uma configuração de mão que corresponde a uma letra ortográfica, geralmente a primeira letra de uma palavra em inglês. Esse empréstimo, que utiliza a letra inicial de uma palavra da língua oral como base para a criação de novos sinais, é bastante produtivo nas línguas visuais e agrega parâmetros que enriquecem a estrutura do sinal resultante. McCleary[50] observa que os neologismos motivados pela primeira letra de uma palavra na língua oral são uma evidência da colonização linguística que as línguas visuais experimentam.

Nesse sentido, palavras mais longas tendem a ser lexicalizadas com uma transliteração mais abreviada, enquanto palavras mais curtas costumam manter a forma completa da transliteração. Essa dinâmica pode ser observada na cadência da articulação transliterada e na acomodação lexical dentro das línguas de sinais. Esse tipo de empréstimo é considerado de fronteira, pois integra-se ao processo de construção de sinais e tem uma natureza híbrida.

A importação por inicialização é vista como parcial, uma vez que a configuração de mão é emprestada da letra inicial da palavra escrita,

---

[48] NASCIMENTO, 2010.

[49] FISCHER, S.; SIPLE, P. (ed.). *Theoretical issues in sign language research*. v. 1. Chicago: University of Chicago Press, 1990.

[50] MCCLEARY, L. *Sociolinguística*. Curso de Letras/Libras. Florianópolis: Universidade Federal de Santa Catarina, 2009. Disponível em: https://www.libras.ufsc.br/colecaoLetrasLibras/eixoFormacaoBasica/sociolinguistica/assets/547/TEXTO-BASE_Sociolinguistica.pdf. Acesso em: 10 jun. 2016.

enquanto os processos de construção de sinais seguem as regras específicas das línguas de sinais. Por exemplo, o sinal para "ÉTICA" em Libras incorpora outros parâmetros em sua construção: utiliza ambas as mãos com a configuração da letra "E", posicionadas no espaço neutro, na altura do peito, com as palmas voltadas para frente e movendo-se para baixo até a cintura.

Figura 11 – Sinal de Ética

Fonte: a autora

Além disso, a utilização da inicialização reflete menor esforço pela parte falante, ao integrar elementos da língua oral de maneira que sejam respeitadas as características visuais e espaciais de sua própria língua. Essa interação entre os sistemas linguísticos enriquece o léxico da língua de sinais e evidencia o processo contínuo de adaptação e inovação linguística que ocorre em contextos bilíngues e multilíngues.

4.3.1 Empréstimo estereotipado

Esse tipo de empréstimo refere-se à reprodução de símbolos gráficos convencionados em diversas culturas, como os sinais de pontuação. Os símbolos são geralmente representados no espaço visual a partir de um ponto fixo no espaço neutro. Esses símbolos são representados visualmente no espaço, muitas vezes desenhados no ar pelo dedo indicador.

Nascimento[51] define essa formação como "empréstimo estereotipado", referindo-se à criação de novos termos em línguas de sinais com base na reprodução do formato global de objetos ou símbolos gráficos convencionados e amplamente aceitos, como formas geométricas, símbolos matemáticos ou sinais de pontuação. Esse tipo de construção não está vinculado ao conceito subjacente, mas à sua representação gráfica, que é socialmente difundida. Nesse sentido, são representações mais universais, ligadas à forma gráfica do conceito, do que propriamente linguísticas.

Os sinais estereotipados permitem uma comunicação mais eficaz de conceitos complexos, promovendo a inclusão e a compreensão entre os usuários de línguas de sinais e os falantes de línguas orais. Além disso, a utilização de símbolos reconhecidos universalmente, como os matemáticos, fortalece a conexão entre as linguagens, contribuindo para a formação de um léxico mais robusto e diversificado nas línguas de sinais. Esse fenômeno ressalta a importância da intertextualidade no desenvolvimento do léxico das línguas de sinais, enriquecendo sua estrutura e ampliando as possibilidades de comunicação dos usuários.

Isso se observa, por exemplo, nas criações dos sinais relacionados a símbolos matemáticos como RAZONETE e VETOR. Esses sinais foram criados a partir da reprodução visual no espaço neutro, incorporando elementos dos símbolos gráficos relacionados a esses termos.

Nesse processo, o aluno recria, de forma icônica, a representação visual dos conceitos matemáticos, permitindo uma conexão mais direta entre o signo e o seu referente. Essa abordagem não apenas facilita a compreensão do termo, mas também utiliza a força visual da modalidade para a representação lexical.

---

[51] NASCIMENTO, 2010.

Figura 12 – Sinal de Razonete

Fonte: a autora

Figura 13 – Sinal de Vetor

Fonte: a autora

Essas práticas de empréstimo visual evidenciam a possibilidade de se incorporar elementos de outras formas de comunicação. Contudo a necessidade de estabelecer um equilíbrio entre a inovação e a conformidade às normas linguísticas é essencial para garantir a clareza e a eficácia da comunicação dentro do contexto das línguas de sinais.

Dessa forma, os sinais que surgem como empréstimos visuais enriquecem o vocabulário e ressaltam a importância de integrar essas inovações de maneira que respeitem as restrições de boa formação em Libras.

4.3.2 Empréstimos por transliteração

Os empréstimos que ocorrem por transliteração se subdividem em duas categorias: transliteração lexicalizada e inicialização. A transliteração visa representar os correspondentes gráficos de sistemas de escrita distintos. Nas LS, esse processo envolve a representação das letras da língua oral por meio de CM. Contudo é importante distinguir a transliteração da datilologia. Enquanto a datilologia se refere à representação fixa de palavras de línguas orais por meio do agrupamento de CM em um ponto de articulação específico, a transliteração pode ocorrer em diferentes locais do espaço de sinalização e não está restrita a um único ponto de articulação.

A principal diferença entre datilologia e lexicalização reside na locação e no ritmo da articulação. A lexicalização abrange múltiplas localizações no espaço sinalizado e resulta em uma mudança rítmica que caracteriza a acomodação do empréstimo na língua de sinais. Esse processo de adaptação permite que palavras emprestadas sejam integradas de forma mais fluida e natural ao léxico da LS, enriquecendo a comunicação dentro dessa modalidade. Na transliteração lexicalizada pode haver palavras articuladas completamente, ou siglas, que tendem a agregar outros parâmetros à sinalização, dando um caráter híbrido ao processo.

Os alunos surdos exploram o empréstimo por transliteração lexicalizada, especialmente no campo das Exatas, em que termos como SENO, COSSENO e TANGENTE são frequentemente utilizados. Esse processo ocorre porque os estudantes buscam formas de integrar conceitos complexos que já estão fixados na língua oral ao seu repertório de sinais.

A criação desses sinais se dá pela representação de partes da ortografia das palavras em português, usando configurações de mão que correspondem a letras específicas. Por exemplo, para os sinais de SENO e COSSENO, os alunos articulam as S-N e C-S, respectivamente, o que permite que esses termos matemáticos sejam visualmente reconhecíveis e facilmente memorizados. Essa associação entre a letra inicial e a estrutura do sinal favorece o aprendizado, pois o aluno já tem um conhecimento prévio do que essas letras representam em português.

Figura 14 – Sinal de Seno

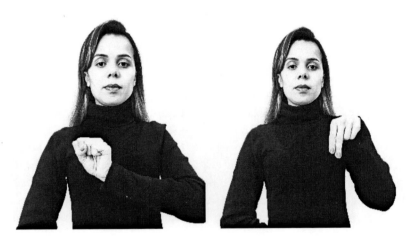

Fonte: a autora

Figura 15 – Sinal de Cosseno

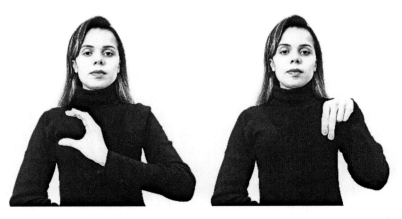

Fonte: a autora

A articulação das CM para referenciar esses termos é frequentemente realizada com uma velocidade acelerada, evidenciando a acomodação desses novos sinais dentro da estrutura dinâmica da Libras. Para o sinal de TANGENTE, a articulação de T-G com um movimento retilíneo é uma forma de criar uma ligação rápida entre o termo e sua representação em Libras. Essa abordagem adaptativa é recorrente para a ampliação do léxico da Libras.

Figura 16 – Sinal de Tangente

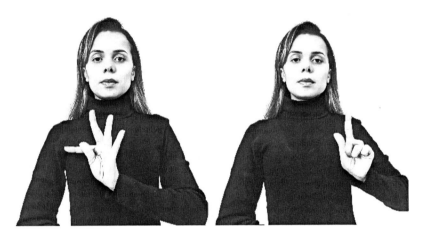

Fonte: a autora

Nota-se que, quando um sinal específico não está disponível em Libras, os intérpretes podem recorrer à datilologia de forma reduzida ou acelerada. Esse método consiste em soletrar rapidamente palavras em português utilizando as configurações de mão que representam as letras do alfabeto, permitindo que o intérprete represente termos que ainda não foram lexicalizados na Libras. Essa abordagem não se coloca como um procedimento de tradução, mas oferece aos alunos surdos um acesso imediato ao vocabulário necessário para remeter ao conteúdo apresentado em aula.

A ausência de sinais específicos em Libras para diversos termos técnicos ou especializados coloca uma demanda significativa sobre os intérpretes educacionais, que precisam apresentar habilidades e competências eficazes para garantir a compreensão do conteúdo pelos alunos surdos. Essa situação exige que os intérpretes empreguem uma série de procedimentos técnicos na tradução do português para Libras, visando uma comunicação precisa.

A soletração manual é frequentemente usada na interpretação da Libras para o português em sala de aula para representar termos que ainda não têm sinais estabelecidos, especialmente em áreas com léxicos especializados em expansão, como Ciências e Tecnologia. Embora seja uma solução comum, a datilologia não é considerada um procedimento técnico de tradução, pois apenas reproduz a forma ortográfica das palavras, sem necessariamente transmitir seu sentido completo.

No ambiente acadêmico, outras estratégias podem ser mais eficazes, como a criação de neologismos por empréstimo, o uso de paráfrases explicativas ou a combinação de sinais existentes para dar conta de novos conceitos. Essas abordagens permitem uma comunicação mais fluida e significativa, respeitando a estrutura visual-espacial da Libras e promovendo o aprendizado dos alunos surdos de forma mais integrada ao conteúdo acadêmico.

4.4 ICONICIDADE

Devido à natureza visual-gestual das línguas de sinais, emerge um outro processo neológico conhecido como iconicidade. Segundo Felipe,[52] a peculiaridade desse processo permite que elementos miméticos sejam introduzidos em contextos discursivos, de modo que um objeto, uma qualidade, um estado, um processo ou uma ação possam ser representados mimeticamente, em consonância com a estrutura frasal da língua. Esse fenômeno tem chamado a atenção de estudiosos de Libras, pois revela uma vasta diversidade de expressões que evidenciam a iconicidade cognitiva, tornando mais perceptível a relação entre forma e significado.

O processo mimético, conforme descrito por Felipe,[53] legitima a mímica como um recurso linguístico que, por meio dos parâmetros de configuração dos sinais e da sintaxe da língua, representa iconicamente o referente. Não se trata, porém, de uma simples imitação; a mímica é integrada à língua e articulada conforme os parâmetros das LS, de

---

[52] FELIPE, T. A. Os processos de formação de palavras na LIBRAS. *ETD – Educação Temática Digital*, Campinas, v. 7, n. 2, p. 200-217, 2006.
[53] Idem.

maneira semelhante ao funcionamento das onomatopeias nas línguas oral-auditivas.

Strobel e Fernandes[54] destacam que a incorporação de signos iconicamente representados em Libras não compromete seu caráter arbitrário, reforçando que a iconicidade é um complemento ao sistema linguístico visual-gestual e não uma contradição a ele.

> A modalidade gestual-visual-espacial pela qual a LIBRAS é produzida e percebida pelos surdos leva, muitas vezes, as pessoas a pensarem que todos os sinais são o "desenho" no ar do referente que representam. É claro que, por decorrência de sua natureza linguística, a realização de um sinal pode ser motivada pelas características do dado da realidade a que se refere, mas isso não é uma regra. A grande maioria dos sinais da LIBRAS são arbitrários, não mantendo relação de semelhança alguma com seu referente.

Klima e Bellugi,[55] ao investigarem as diferenças entre a representação mimética espontânea, típica da pantomima, e os sinais regulares em ASL, concluíram que muitos sinais regulares mantêm traços de propriedades miméticas, embora essas sejam características mais evidentes na pantomima. Os autores observaram, ainda, que há diferentes níveis de iconicidade nas línguas de sinais, o que os levou a associar esse conceito a um referente específico. Segundo eles, há uma relação icônica em que os elementos da forma de um sinal se vinculam a aspectos visuais do objeto ou ação denotados. No entanto eles ressaltam que essa iconicidade não define, de maneira rígida, os detalhes formais do sinal em si.

Essa análise se reflete também em Libras, em que os sinais criados com base em princípios icônicos podem ilustrar visualmente a conexão entre a forma e o significado, sem que isso comprometa o caráter arbitrário da língua. Em Libras, O sinal para CASA é realizado pela união das mãos, formando iconicamente o telhado de uma casa. O sinal para ÁRVORE utiliza o braço como tronco e os dedos como galhos, enquanto a outra mão representa a base da árvore.

A seguir, apresentamos dois sinais em Libras que foram criados com base na iconicidade, em um contexto de sala de aula do curso de Enfermagem. A representação do sinal para "PULMÃO" em Libras, de forma

---

[54] STROBEL, K. L.; FERNANDES, S. *Aspectos linguísticos da Libras*. Curitiba: Secretaria de Estado da Educação; Superintendência de Educação; Departamento de Educação Especial, 1998.
[55] KLIMA, E.; BELLUGI, U. *The signs of language*. Cambridge: Harvard University Press, 1979.

icônica, exemplifica como a iconicidade enriquece o léxico visual-gestual. Nesse caso, a configuração das mãos posicionada na altura do tronco mimetiza visualmente o formato dos pulmões. Ao utilizar esse recurso gestual, o sinal faz uma correspondência direta entre a forma das mãos e o conceito que representa, tornando a representação mais intuitiva e acessível para os falantes de Libras. Esse tipo de criação permite que o significado do sinal seja imediatamente compreendido pela sua semelhança visual com o referente anatômico.

Figura 17 – Sinal de Pulmão

Fonte: a autora

O mesmo princípio se aplica ao sinal para "AORTA", em que a configuração e o movimento das mãos replicam visualmente a localização e a função da principal artéria do corpo humano. A sinalização descreve a saída da aorta do coração, mostrando sua direção anatômica ao se mover do ventrículo esquerdo em direção ao pulmão esquerdo. Essa representação reforça a relação entre a forma visual do sinal e o conceito médico que ele descreve, demonstrando como a iconicidade possibilita que informações complexas, como a estrutura interna do corpo humano, sejam representadas de maneira clara e direta em uma língua visual como Libras.

Figura 18 – Sinal de Aorta

Fonte: a autora

Dessa forma, a iconicidade não apenas facilita a compreensão imediata do significado de um sinal, mas também enriquece o léxico ao permitir que os sinais sejam formados de maneira visualmente motivada, mantendo uma conexão estreita entre a forma gestual e o objeto ou conceito representado.

Embora a iconicidade esteja fortemente presente nas línguas de sinais, essas línguas não são exclusivamente icônicas. Como ressalta Gesser,[56] "mesmo os sinais mais icônicos tendem a variar de uma língua de sinais para outra", destacando o caráter convencional das línguas, que depende de um "acordo coletivo tácito" entre os membros de uma comunidade linguística.

Esse processo é bastante produtivo nas línguas de sinais, uma vez que muitos sinais são fortemente influenciados pela linguagem corporificada. Nas línguas visuais, as mãos desempenham múltiplas funções linguísticas, como apontar e representar objetos no espaço. A utilização

---

[56] GESSER, A. *Libras*: que língua é essa? Crenças e preconceitos em torno da língua de sinais e da realidade surda. São Paulo: Parábola Editorial, 2009, p. 24.

das mãos para criar signos é altamente econômica para as línguas de sinais, assim como o uso do corpo do locutor, sempre presente na interação comunicativa. A iconicidade nas línguas de sinais se justifica pela própria natureza gestual-visual, em que sinais envolvem movimentos no espaço e interação com objetos, permitindo que conceitos, objetos e eventos sejam representados iconicamente.

4.5 UMA NOVA PROPOSTA: A ANCORAGEM LEXICAL

Os processos morfológicos de expansão lexical em línguas de sinais, como a Libras, são fundamentais para atender às novas demandas comunicativas de seus falantes e acompanhar a evolução de conceitos e referentes nas mais diversas áreas do conhecimento. Ao longo deste capítulo, apresentei e discuti uma série de mecanismos responsáveis pela ampliação do léxico dessas línguas, ressaltando sua complexidade e sua riqueza.

Primeiramente, explorei a derivação e a composição, processos que permitem a formação de novos sinais a partir de elementos já existentes na língua, respeitando os parâmetros linguísticos próprios das línguas visuoespaciais. Esses mecanismos são responsáveis por grande parte da criação de novos sinais, especialmente em contextos acadêmicos e profissionais.

A polissemia e a homonímia também foram destacadas como fenômenos que, ao ocorrerem em sinais com configurações manuais idênticas, podem levar a diferentes significados, dependendo do contexto. Embora essas características pareçam gerar ambiguidades, o contexto imediato geralmente resolve qualquer possível confusão de sentido.

O empréstimo linguístico, por sua vez, surge como outro processo essencial para a expansão do léxico. Por meio da transliteração pragmática ou lexicalizada, termos de línguas orais, como o português, são incorporados às línguas de sinais. Em situações em que não existe um sinal lexicalizado, a datilologia ou a soletração manual aparece como uma solução temporária, permitindo que palavras sejam representadas de forma acessível.

Outro fenômeno relevante discutido foi a iconicidade, que, embora seja marcante nas línguas de sinais, não é suficiente para determinar toda a estrutura de uma língua visuoespacial. Além disso, processos como o empréstimo estereotipado permitem que símbolos gráficos amplamente reconhecidos, como sinais matemáticos e pontuação, sejam transpostos para as línguas de sinais.

Esses processos neológicos evidenciam que as línguas de sinais, assim como as línguas orais, são dinâmicas em seus recursos criativos. Ao serem expandidas e adaptadas às novas realidades e necessidades de seus falantes, essas línguas se mostram plenas em sua capacidade de expressão e legitimação linguística, demonstrando que sua modalidade não é um obstáculo para a criatividade e a complexidade dos processos de comunicação humana. A esse respeito, Campos[57] comenta:

> Os procedimentos usados para a criação dos novos itens lexicais resultam de uma mistura saudável de recursos, que transformam a língua em um grande móbile. Longe de empobrecê-la ou descaracterizá-la, essa manipulação linguística exercida com genialidade e conhecimento lhe confere feição nova, ressaltando seu potencial expressivo alcançado pela novidade e, ao mesmo tempo, pelo estranhamento de algumas construções.

Ao longo de meu percurso investigativo, analisando neologismos na Libras, sobretudo no contexto acadêmico, identifiquei um processo linguístico inédito, que denominei de "ancoragem lexical". Esse processo reflete uma forma altamente produtiva de expansão lexical em Libras. A ancoragem consiste em o falante se apoiar em um sinal já existente na língua para assimilar um neologismo. Ou seja, uma base lexical disponível é enriquecida pela adição ou alteração de um de seus parâmetros estruturais, criando contraste entre o sinal original e a nova ocorrência léxica, resultando em um novo significante linguístico.

Esse processo sugere a existência de um núcleo semântico intrínseco aos sinais de Libras, visto que as novas ocorrências lexicais se relacionam semanticamente com os sinais preexistentes. O diferencial da "ancoragem" em comparação com os processos já sistematizados em estudos de línguas sinalizadas está na proposta de um critério semântico para identificar o núcleo dos sinais em Libras. Isso corrobora a ideia de que as raízes em línguas sinalizadas são abstratas e carregam traços semânticos mais gerais.

---

[57] CAMPOS, S. M. M. Malabarismos lexicais na literatura: os neologismos visitam a sala de aula. *In*: SIMPÓSIO INTERNACIONAL DE ENSINO DA LÍNGUA PORTUGUESA, v. 2, n. 1. *Anais* [...]. Uberlândia: Editora da Universidade Federal de Uberlândia, 2012. Disponível em: http://www.ileel.ufu.br/anaisdosielp/wpcontent/uploads/2014/07/volume_2_artigo_277.pd. Acesso em: 06 ago. 2015.

Nas ocorrências neológicas resultantes da ancoragem, observa-se a presença de um núcleo semântico comum e a identificação dos parâmetros que foram alterados ou adicionados no novo item lexical. Matthews[58] explica que em um conjunto de palavras pertencentes a um mesmo lexema há um formante comum – a raiz – que é gramaticalmente irredutível. Esse entendimento coopera com a noção de núcleo em Libras, em que, devido à natureza visual da língua, o núcleo é identificado por meio de uma decomposição semântica. A ancoragem lexical apresenta-se, portanto, como um novo e relevante processo neológico para a ampliação do léxico em Libras.

A criação de novos sinais por analogia a outros pertencentes ao mesmo campo lexical no processo de ancoragem é um fenômeno notável. O campo lexical, que compreende o conjunto de signos, vocábulos e palavras relacionados entre si por semelhança, contiguidade ou sinonímia, pode também incluir termos de uma área específica do conhecimento ou derivados de um mesmo radical. Os processos analógicos que impulsionam a formação de novos sinais em Libras compartilham semelhanças com os que ocorrem no português brasileiro. Facundo[59] exemplifica essa relação no âmbito educacional da Língua Portuguesa, em que o termo "educação" originou palavras como "educador", "educando" e "educandário", tendo o morfema "educa" como base lexical que permitiu essa expansão.

O autor também identifica regularidades na formação de sinais em Libras derivados de um mesmo campo semântico. Um exemplo claro são os sinais de PEDAGOGIA e MAGISTÉRIO, articulados com a configuração de mão que remete à letra inicial da palavra em PB, com um movimento retilíneo, que vai do braço ao antebraço. Esses sinais compartilham os mesmos parâmetros estruturais, diferenciando-se apenas pela configuração de mão, demonstrando que o campo semântico motiva a criação de novas unidades lexicais.

---

[58] MATTHEWS, P. H. *Morphology*: an introduction to the Theory of Word-Structure. Cambridge: Cambridge University Press, 1974.
[59] FACUNDO, J. J. A formação de novos sinais em Libras a partir do parâmetro fonológico "ponto de articulação". *In*: X ENCONTRO DO CELSUL (Círculo de Estudos Linguísticos do Sul). *Anais* [...]. Universidade Estadual do Oeste do Paraná (Unioeste), 2012. Disponível em: http://portal.sme.prefeitura.sp.gov.br/Portals/1/Files/19331.pdf. Acesso em: 10 set. 2015.

Figura 19 – Sinal de Pedagogia

Fonte: a autora

Figura 20 – Sinal de Magistério

Fonte: a autora

Os sinais criados por ancoragem se constroem a partir de um morfema-base e compartilham um núcleo semântico comum, sendo formados pela combinação simultânea de parâmetros que se articulam em torno de um mesmo campo semântico. Essa análise evidencia a alta produtividade lexical na Libras, com base na proposta de um processo de ancoragem que gera sinais de forma análoga aos já existentes em um mesmo campo. A perspectiva diacrônica revela que esse processo é recorrente na formação de novos sinais.

A ancoragem também levanta questões importantes para os estudos dos aspectos sublexicais da Libras e de outras línguas de sinais. Uma consequência observada foi a formação de pares mínimos, ou seja, sinais que se diferenciam pela alteração de apenas um dos parâmetros. Nas ocorrências analisadas, essa alteração ocorreu no parâmetro CM, incorporando a letra inicial da palavra em PB para estabelecer contraste lexical. Esse fenômeno reflete a capacidade das línguas de sinais de criar neologismos de maneira eficiente e organizada, reforçando a complexidade e a riqueza de suas estruturas linguísticas.

Um exemplo do processo de ancoragem lexical é o conjunto de sinais que pertence ao campo semântico de formação acadêmica, como PÓS-GRADUAÇÃO, MESTRADO e DOUTORADO. Nesses sinais, o núcleo semântico relacionado ao grau de formação é transmitido por uma combinação dos parâmetros Ponto de Articulação Movimento e Configuração de Mão. A distinção de significado entre esses sinais ocorre pela variação no parâmetro CM, que é alterado para diferenciar os níveis acadêmicos e motivado pela letra inicial do termo em português.

Figura 21 – Sinal de Pós-Graduação

Fonte: a autora

Figura 22 – Sinal de Mestrado

Fonte: a autora

Figura 23 – Sinal de Doutorado

Fonte: a autora

Esse comportamento sugere que alguns parâmetros articulatórios estão mais suscetíveis a alterações na estrutura dos sinais, como se estivessem mais "superficialmente" posicionados no léxico. Nas formações lexicais resultantes do processo de "ancoragem", o parâmetro de configuração de mão tende a ser o primeiro a sofrer alterações para ampliar o significado de um sinal. Em contraste, outros parâmetros, como o ponto de articulação (PA) e o movimento (M), demonstram menos flexibilidade, mostrando-se mais resistentes a mudanças. Assim, a análise dos sinais coletados revela que a CM é o parâmetro articulatório com maior plasticidade, o que favorece a expansão lexical nas línguas de sinais.

A alteração no parâmetro de configuração de mão frequentemente resulta em uma mudança na orientação do novo sinal. Isso acontece porque a nova configuração nem sempre preserva a direcionalidade da configuração anterior. Assim, a modificação na orientação depende da alteração no CM, a menos que ambas as configurações apresentem direcionalidades semelhantes. Esse fenômeno indica uma precedência do parâmetro CM sobre o parâmetro Or durante a formação dos sinais.

Por outro lado, o parâmetro de ponto de articulação demonstra maior rigidez. Nos sinais resultantes do processo de ancoragem, o ponto de articulação geralmente permanece inalterado em relação ao sinal-base, o que indica menor flexibilidade do PA em comparação com outros parâmetros. O parâmetro de movimento apresenta um comportamento semelhante ao PA, regularmente sendo articulado no mesmo ponto de articulação que o sinal-base em novos sinais formados por ancoragem. Essa similaridade entre PA e M sugere uma independência entre esses dois parâmetros, enquanto CM e Or são mais suscetíveis a modificações.

Essas observações revelam que no processo de ancoragem há uma hierarquia entre os parâmetros articulatórios. Enquanto a configuração de mão é o principal vetor de inovação lexical, outros parâmetros, como o ponto de articulação e o movimento, exercem uma função mais estável, assegurando a integridade estrutural do sinal-base na formação de novos sinais.

Essa relação, em particular, tem despertado meu interesse de pesquisa. Em uma investigação mais aprofundada, observei que as alterações na produção manual não ocorrem de forma isolada, mas acompanhadas por traços não manuais, de maneira coordenada. Além disso, considero a possibilidade de que esses traços estejam organizados de forma hierárquica. Essa assertiva pode abrir caminhos para desatrelar a noção de simultaneidade como a motivação para a ocorrência de processos não concatenativos nas línguas sinalizadas. A partir disso, busca-se entender qual é a relação que se estabelece entre esse conjunto de parâmetros.

Proponho, então, o processo de ancoragem lexical, focando na identificação e na discretização do núcleo que constitui o elemento mais estável e semântico dos sinais. Assim, conceptualiza-se um núcleo paramétrico derivacional, que funciona de maneira análoga ao radical nas línguas orais, em que seus componentes variam para formar significados distintos.

Figura 24 – Núcleo derivacional

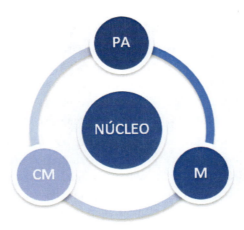

Fonte: a autora

A análise empírica revela uma frequência notável na criação de novos sinais, caracterizada pela combinação paramétrica [PA + M + CM]. Observa-se que as alterações que ampliam o significado tendem a ocorrer predominantemente no parâmetro CM. Essa alteração frequente da CM, quando combinada ao núcleo paramétrico, destaca a sua importância na expansão lexical. Luchi[60] salienta que as configurações de mão também podem fornecer "pistas de sentido e significado para as derivações e flexões que possam ocorrer com elas, dependendo dos outros parâmetros que lhes forem agregados, como o movimento, a locação e a orientação da mão".

Assim, os sinais da Libras são formados a partir desse núcleo paramétrico, com uma estabilidade maior na combinação [PA + M + CM]. O processo de ancoragem lexical revela relações intrigantes nessa combinação, como a influência da CM nas alterações na direcionalidade da palma da mão durante a articulação do sinal, o que pode ser atribuído a limitações anatômicas dos articuladores. Nesse contexto, o parâmetro de orientação parece interagir diretamente com a configuração de mão.

---

[60] LUCHI, M. *Interpretação de descrições imagéticas: onde está o léxico?* 2013. 100f. Dissertação (Mestrado em Estudos da Tradução) – Programa de Pós-Graduação em Estudos da Tradução, Universidade Federal de Santa Catarina, Florianópolis, 2013, p. 27.

Apesar de não ser o foco desta análise, considero que as ENM são elementos formacionais e dada a sua complexidade devem ser exploradas à parte e a partir da sua relação com os articuladores manuais. É esperado que articuladores de natureza distinta (manual e não manual) interajam entre si na formação lexical, inclusive submetendo-se a uma organização simétrica e hierárquica nessa estrutura, o que aponto como uma oportunidade de investigação em trabalhos futuros.

Em suma, a proposta de uma nova classificação para os processos de expansão em línguas sinalizadas, denominada "ancoragem lexical", contribui para a continuidade dos estudos nos níveis sublexicais dessas línguas. Essa abordagem possibilita a delimitação de um núcleo derivacional e enriquece a noção de campos lexicais nessa modalidade linguística. Tem-se a expectativa que essa proposta seja considerada como evidência da existência de categorias semânticas específicas expressas por esse núcleo. As relações observadas entre as unidades formacionais abrem espaço para novas análises baseadas em amostras adicionais que confirmem esses resultados. Esse modelo, portanto, deve ser testado de forma rigorosa para que possa ser fortalecido ou, se necessário, reformulado, visando torná-lo mais eficaz.

Além disso, coloca-se a necessidade de estudos acadêmicos que sistematizem as unidades formacionais do léxico das línguas de sinais, permitindo a discriminação de relações de dependência, condicionamento e hierarquia entre seus constituintes articulatórios e segmentais.

Ao introduzir uma nova classificação para os processos neológicos em línguas sinalizadas, espero fornecer subsídios teóricos que aprofundem a compreensão dos campos semânticos na modalidade visual-espacial. Com um processo de expansão lexical que sugere a existência de um núcleo semântico comum aos sinais e alta produtividade, abrem-se caminhos para pesquisas futuras que poderão não só fortalecer os estudos de línguas sinalizadas, mas do funcionamento da linguagem humana.

CONSIDERAÇÕES FINAIS

Imagine-se entrando em uma sala de aula em seu primeiro dia na faculdade, onde colegas conversam animadamente em um idioma estrangeiro. Você se acomoda em sua cadeira, observando o professor, que inicia a aula com entusiasmo, falando rapidamente em uma língua que, embora fascinante, é estranha para você. O conteúdo é intrigante, mas a barreira linguística se impõe como uma parede invisível entre você e o aprendizado.

Você sabe que precisa de um intérprete. Ele se posiciona ao seu lado, transmitindo as palavras do professor, mas à medida que a aula avança, você percebe que muitos termos são intraduzíveis. Palavras específicas, conceitos acadêmicos e expressões idiomáticas se perdem na tradução, desvanecendo-se em algo vago e difícil de compreender. O intérprete se esforça, mas a complexidade do conteúdo gera uma frustração silenciosa. Você tenta acompanhar as explicações, mas o raciocínio do professor parece se afastar de você, como uma correnteza que não pode ser dominada.

Você observa seus colegas, que assimilam as informações com facilidade. Eles riem, fazem perguntas e compartilham ideias. Você sente um aperto no peito, uma sensação de inadequação. Enquanto todos parecem fluir com a matéria, você está preso em um labirinto de palavras não traduzidas.

Após a aula, você se pergunta: "Se tivesse aprendido na minha língua materna teria a mesma facilidade?". A resposta parece clara. Você não só perderia tempo ao tentar entender o que é intraduzível, mas também se sentiria excluído da experiência coletiva do aprendizado.

Agora, reflita sobre como essa experiência se assemelha à vivência de alunos surdos em ambientes acadêmicos em que o conteúdo é ensinado em português enquanto eles dependem da Libras para se comunicar e compreender. Assim como você, esses alunos enfrentam barreiras linguísticas que podem dificultar seu aprendizado.

Quando um professor fala em português, muitos conceitos e terminologias ainda não estão convencionados em Libras. A riqueza e a fluidez da comunicação oral se perdem, criando um abismo entre o conteúdo ensinado e a compreensão efetiva do aluno surdo. A sensação de estar à margem do conhecimento e de não fazer parte das discussões em sala de aula é comum, assim como a frustração que você sentiu ao tentar entender o que estava sendo ensinado.

Ambos, você e os alunos surdos, compartilham a mesma luta pela compreensão em um ambiente que, embora projetado para ser inclusivo, muitas vezes não atende às necessidades linguísticas de todos os seus participantes. Essa experiência reforça a importância de garantir que todos os alunos tenham acesso ao conteúdo acadêmico em uma língua que possam compreender plenamente, seja por meio de intérpretes competentes, materiais adaptados ou métodos de ensino que respeitem suas realidades linguísticas.

Ao final do dia, o aprendizado deve ser um caminho acessível a todos, independentemente da língua que falam. A analogia entre sua experiência em uma aula de língua estrangeira e a vivência de alunos surdos ressalta a urgência de um sistema educacional inclusivo, que abrace as diferenças linguísticas e culturais, permitindo que cada aluno floresça em seu próprio ritmo e com suas próprias ferramentas de comunicação. Afinal, o conhecimento deve ser um território compartilhado, onde todos possam navegar sem barreiras, construindo pontes entre diferentes línguas e experiências.

Ao longo deste livro, exploramos os desafios enfrentados por alunos surdos no ambiente acadêmico, no qual o ensino é predominantemente ministrado em português, uma língua que, para muitos, não é sua língua de conforto. Essa situação evidencia a complexidade e a urgência de abordagens educacionais inclusivas que considerem a Libras como um meio essencial de comunicação e aprendizado.

Diante da ausência de termos e conceitos incorporados a Libras, o estudante surdo muitas vezes se sente deslocado, incapaz de participar plenamente das discussões e atividades acadêmicas. O impacto dessa exclusão não se limita apenas à dificuldade em entender o conteúdo; ela também afeta a autoestima, a motivação e o envolvimento dos alunos na vida acadêmica.

Além disso, voltamos a nossa atenção para a importância da relação entre o aluno surdo, o professor e o intérprete de Libras em sala de aula. O intérprete não é apenas um facilitador da comunicação, mas um mediador essencial que desempenha um papel crucial na tradução e na interpretação do conteúdo acadêmico. No entanto essa função é repleta de desafios, que vão desde a necessidade de uma profunda compreensão do conteúdo a ser transmitido até a capacidade de expressar nuances e significados que muitas vezes são intraduzíveis. A qualidade da interpretação pode influenciar diretamente a compreensão do aluno, o que reforça a necessidade de formação adequada e contínua para os intérpretes, bem como a importância de um diálogo constante entre professores, intérpretes e alunos.

Nesse contexto, o papel do professor se torna ainda mais vital. Ele deve estar preparado para adaptar sua abordagem pedagógica, considerando as especificidades da Libras e as dificuldades enfrentadas pelos alunos surdos. Ao criar um ambiente de aprendizado inclusivo, o professor pode colaborar ativamente na construção de um conhecimento que respeite e valorize as diferentes formas de expressão. Essa parceria entre professor, aluno surdo e intérprete é fundamental para garantir que o aprendizado de conteúdos acadêmicos e técnicos ocorra de maneira eficaz, permitindo que todos os estudantes tenham acesso equitativo ao conhecimento.

Por fim, é fundamental reconhecer que a educação inclusiva vai além da simples adaptação de conteúdos; ela exige um compromisso coletivo de toda a comunidade acadêmica. Isso inclui a conscientização sobre a importância da Libras como língua de instrução, a implementação de metodologias de ensino que respeitem e integrem as diferentes realidades linguísticas e a criação de um ambiente acolhedor que valorize as experiências e a cultura surda.

À medida que avançamos para um futuro mais inclusivo, devemos nos empenhar em promover a equidade no acesso ao conhecimento, reconhecendo que todos os alunos têm o direito de aprender em um ambiente que respeite sua identidade linguística e cultural. Somente assim poderemos construir um sistema educacional verdadeiramente acessível e representativo, em que cada voz, independentemente de sua forma de expressão, seja ouvida e valorizada.

Esta obra se apresenta como um convite à exploração, marcando uma modesta, mas significativa, expansão no campo dos estudos linguísticos. A partir de uma análise cuidadosa das dinâmicas de expansão lexical da Língua Brasileira de Sinais (Libras), evidenciei um conjunto de ocorrências neológicas que emergem no ambiente acadêmico brasileiro. Nesse contexto, busquei demonstrar os mecanismos que tornam possível a ampliação do léxico nessa modalidade linguística, contribuindo, assim, para uma compreensão mais profunda da estrutura e funcionamento da Libras, das línguas de sinais e, de uma forma mais ampla, das línguas naturais.

O conceito de "ancoragem" se revela fundamental para os estudos linguísticos ao destacar a existência de um núcleo-paramétrico comum que une os sinais pertencentes a um mesmo campo semântico. Essa observação ecoa postulações já reconhecidas nos estudos da morfologia das línguas de sinais, que identificam a presença de um morfema-base nos itens lexicais. A partir dessa proposta de expansão lexical identifiquei uma notável produtividade lexical, que se manifesta por meio da analogia entre sinais de um mesmo campo semântico.

Assim, minhas reflexões indicam que criação lexical do aluno surdo em contextos acadêmicos se alicerça em uma gramática com estrutura própria, que, em sua singularidade, abrange todos os níveis sublexicais: fonético, morfológico, sintático e semântico-pragmático. A expressividade dessa língua se adapta às necessidades discursivas do falante em contextos sociais específicos. Diante dessa complexidade, os processos neológicos observados estão em perfeita sintonia com a especificidade da modalidade visual e multidimensional das línguas de sinais. Os mecanismos criativos, por sua vez, organizam o léxico e estabelecem significações por meio da visualidade, promovendo o reaproveitamento dos signos linguísticos e favorecendo uma economia linguística que atende a uma necessidade imediata de referenciação por parte do falante.

Hoje, as línguas de sinais estão cada vez mais sob os holofotes da pesquisa acadêmica. A expectativa é que, em um futuro próximo, as gramáticas dessas línguas sejam sistematizadas de tal forma que a inclusão de novos verbetes no léxico possa ser descrita com informações gramaticais abrangentes. É importante ressaltar que os processos neológicos discutidos aqui não se esgotam nas páginas deste livro; pelo contrário, eles abrem um leque de questões relacionadas à ampliação e à renovação do léxico. Por essa razão, espero que este livro se torne um recurso valioso como instrumento para a compreensão dos aspectos formacionais do léxico da Libras, com foco nos processos de expansão lexical.

Essa investigação sobre o comportamento das ocorrências neológicas ao longo do tempo nos permitirá explorar a variação e a mudança linguística em tempo real, contribuindo para um entendimento mais amplo e dinâmico da Libras e de sua comunidade. Além disso, ao fornecer exemplos práticos e reflexões sobre a criação de novos sinais, este livro pode auxiliar educadores e intérpretes na promoção de uma comunicação mais efetiva e inclusiva, enriquecendo a experiência educacional de estudantes surdos e fortalecendo a presença da Libras no ambiente acadêmico.

REFERÊNCIAS

ALMEIDA, N. T. de. *Gramática da língua portuguesa*: para concursos, vestibulares, ENEM, colégios técnicos e militares. 9. ed. São Paulo: Saraiva, 2009.

ARONOFF, M. et al. Morphological universals and the sign language type. *In*: BOOIJ, G.; MARLE, J. van. *Yearbook of morphology*. Netherlands: Kluwer Academic Publishers, 2004. p. 19-38.

AZEREDO, J. C. *Fundamentos de gramática do português*. 5. ed. Rio de Janeiro: Zahar, 2010.

BAGNO, M. *Preconceito linguístico*: o que é, como se faz. Rio de Janeiro: Loyola, 1999.

BATTISON, R. Phonological deletion in American Sign Language. *Sign Language Studies*, Silver Spring, v. 5, p. 1-19, 1974.

BLOOMFIELD, L. *Language*. New York: Henry Holt, 1933.

BORBA, F. S. *Organização de dicionários*: uma introdução à lexicografia. São Paulo: Universidade Estadual Paulista, 2003.

BRASIL. Lei n.º 10.436, de 24 de abril de 2002. Dispõe sobre a Língua Brasileira de Sinais. *Diário Oficial da República Federativa do Brasil*. Brasília, DF, n. 79, p. 23 e 25, abr. 2002.

BRASIL. Decreto Federal n.º 5.626, de 22 de dezembro de 2005. Regulamenta a Lei n.º 10.436, de 24 de abril de 2002, que dispõe sobre a Língua Brasileira de Sinais – Libras, e o art. 18 da Lei n.º 10.098, de 19 de dezembro de 2000. *Diário Oficial da União*, Brasília, DF, 2005.

BRENNAN, M. The visual world of BSL: an introduction. *In*: BRIEN, D. (org.). *Dictionary of British Sign Language/English*. London: Faber & Faber, 1992. p. 1-134.

CAMPOS, S. M. M. Malabarismos lexicais na literatura: os neologismos visitam a sala de aula. *In*: SIMPÓSITO INTERNACIONAL DE ENSINO DA LÍNGUA PORTUGUESA, v. 2, n. 1. *Anais* [...]. Uberlândia: Editora da Universidade Federal de Uberlândia, 2012. Disponível em: http://www.ileel.ufu.br/anaisdosielp/wpcontent/uploads/2014/07/volume_2_artigo_277.pd. Acesso em: 06 ago. 2015.

CARVALHO, N. *Empréstimos linguísticos*. São Paulo: Ática, 1989.

CHOMSKY, N. *Syntactic structures*. The Hague: Mounton, 1957.

CHOMSKY, N. *Knowledge of language*: its nature, origin and use. New York: Praeger, 1986.

CHOMSKY, N. The minimalist program. Cambridge, MA: MIT Press, 1995 p. 434.

CHOMSKY, N.; HAUSER, M. D.; FITCH, W. T. The faculty of language: what is it, who has it, and how did it evolve? *Science*, Washington, D.C., v. 298, n. 5598, p. 1569-1579, 2002.

CUNHA, C.; CINTRA, L. F. L. *Nova gramática do português contemporâneo*. 5. ed. Rio de Janeiro: Lexikon, 2008.

DA SILVA SANTOS, J. A língua de sinais Makuxi (Roraima). *Working papers em linguística*, v. 25, n. 1, p. 215-233, 2024.

ELSON, B.; PICKETT, V. An introduction to morphology and syntax. *Foundations of Language*, The Hague, v. 2, n. 2, p. 213-217, 1966.

FACUNDO, J. J. A formação de novos sinais em Libras a partir do parâmetro fonológico "ponto de articulação". *In*: X ENCONTRO DO CELSUL (Círculo de Estudos Linguísticos do Sul). *Anais* [...]. Universidade Estadual do Oeste do Paraná (Unioeste), 2012. Disponível em: http://portal.sme.prefeitura.sp.gov.br/Portals/1/Files/19331.pdf. Acesso em: 10 set. 2015

FAVORITO, W.; MANDELBLATT, J.; FELIPE, T. A.; BAALBAKI, A. Processo de expansão lexical da Libras: estudos preliminares sobre a criação terminológica em um Curso de Pedagogia. *Lengua de Señas e Interpretación (LSI)*, Montevidéu, n. 3, p. 89-102, 2012.

FELIPE, T. A. Os processos de formação de palavras na LIBRAS. *ETD – Educação Temática Digital*, Campinas, v. 7, n. 2, p. 200-217, 2006.

FISCHER, S.; SIPLE, P. (ed.). Theoretical issues in sign language research. v. 1. Chicago: University of Chicago Press, 1990.

GESSER, A. *Libras*: que língua é essa? Crenças e preconceitos em torno da língua de sinais e da realidade surda. São Paulo: Parábola Editorial, 2009.

GUEVARA, E.; SCALISE, S. Searching for universals in compounding. *In*: SCALISE, S. B. A.; MAGNI, E. *Universals of language today*. Amsterdam: 2009. p. 101-128.

GUILBERT, L. *La créativité léxicale*. Paris: Librairie Larousse, 1975.

HOCKETT, C. F. *A course in modern linguistics*. Oxford: The Macmillan Company, 1958.

HULST, H. Dependency relations in the phonological representation of signs. *In*: BOS, H.; SCHERMER, T. (ed.). *Sign language research*. Munich, Hamburg: Signum Press, 1995. p. 11-38.

KATAMBA, F. *Morphology. Palgrave modern linguistics*. London: Palgrave Macmillan Ed., 1993.

KLIMA, E.; BELLUGI, U. *The signs of language*. Cambridge: Harvard University Press, 1979.

LEITE, T. A. *A segmentação da língua de sinais brasileira (Libras)*: um estudo linguístico descritivo a partir da conversação espontânea entre surdos. 2008. 280f. Tese (Doutorado em Estudos Linguísticos e Literários em Inglês) – Universidade de São Paulo, São Paulo, 2008.

LIDDELL, S. K. *Think and believe*: sequentiality in American Sign Language. Language 60, 1984. P. 372-399.

LIDDELL, S. K.; JOHNSON, R. E. American Sign Language: the phonological base. *Sign Language Studies*, Silver Spring, MD. v. 64, p. 195-277, 1989.

LUCHI, M. *Interpretação de descrições imagéticas: onde está o léxico?* 2013. 100f. Dissertação (Mestrado em) – Programa de Pós-Graduação em Estudos da Tradução, Universidade Federal de Santa Catarina, Florianópolis, 2013, p. 27.

MARTINS, T. A.; BIDARRA, J. O problema da ambiguidade lexical para a interpretação envolvendo a Língua Portuguesa e Libras. *In*: SIMPÓSITO INTERNACIONAL DE ENSINO DA LÍNGUA PORTUGUESA, v. 2, n. 1. *Anais* [...]. Uberlândia: Editora da Universidade Federal de Uberlândia, 2012.

MARTINS, T. A; BIDARRA, J. *Um estudo descritivo sobre as manifestações de ambiguidade lexical em Libras*. 2013. 159f. Dissertação (Mestrado em Letras) – Universidade Estadual do Oeste do Paraná, Cascavel, 2013.

MATTHEWS, P. H. *Morphology*: an introduction to the Theory of Word-Structure. Cambridge: Cambridge University Press, 1974.

MCCLEARY, L. *Sociolinguística*. Curso de Letras/Libras. Florianópolis: Universidade Federal de Santa Catarina, 2009. Disponível em: https://www.libras.

ufsc.br/colecaoLetrasLibras/eixoFormacaoBasica/sociolinguistica/assets/547/TEXTO-BASE_Sociolinguistica.pdf. Acesso em: 10 jun. 2016.

MINUSSI, R. D.; RODERO-TAKAHIRA, A. G. Observações sobre os compostos da LIBRAS: a interpretação das categorias gramaticais. *Revista Linguística*/Revista do Programa de Pós-Graduação em Linguística, Universidade Federal do Rio de Janeiro, Rio de Janeiro, v. 9, n. 1, jun. 2013. Disponível em http://www.letras.ufrj.br/poslinguistica/revistalinguistica. Acesso em: 19 nov. 2015.

NASCIMENTO, C. B. *Empréstimo linguístico do português na Língua de Sinais Brasileira – LSB:* línguas em contato. 2010. 123f. Dissertação (Mestrado em Linguística) – Universidade de Brasília, Brasília, 2010.

PADDEN, C A. *Interaction of morphology and syntax in ASL.* San Diego: University of California. Doctoral Dissertation, 1983.

PETTER, M. M. T. Morfologia. *In:* FIORIN, J. L. (org.). *Introdução à linguística*: princípios de análise. São Paulo: Contexto, 2003.

QUADROS, R. M.; KARNOPP, L. B. *Língua de sinais brasileira*: estudos linguísticos. Porto Alegre: Artmed, 2004.

RODRIGUES, I. C.; BAALBAKI, A. C. F. Práticas sociais entre línguas em contato: os empréstimos linguísticos do português à Libras. *Revista Brasileira de Linguística Aplicada*, Belo Horizonte, v. 14, n. 4, p. 869-897, 2014.

SANDLER, W.; LILLO-MARTIN, D. *Sign language and linguistic universals.* Cambridge: Cambridge University Press, 2006.

SANTOS, H. R. *Processos de expansão lexical da Libras no ambiente acadêmico.* 2017. 128f. Dissertação (Mestrado em Linguística e Língua Portuguesa) – Programa de Pós-Graduação em Letras, Pontifícia Universidade Católica de Minas Gerais, Belo Horizonte, 2017.

SANTOS, H. R. Produtividade lexical e produções lexicográficas em uma língua sinalizada. *Revista Da Anpoll*, Florianópolis, v. 1, n. 48, p. 114-123, 2019. Disponível em: https://doi.org/10.18309/anp.v1i48.1213. Acesso em: 10 ago. 2021.

SANTOS, H. R. *Propriedades aspectuais de eventualidades em Libras*: um compartilhamento de traços fonológicos entre articuladores manuais e não manuais. 2021. 144f. Tese (Doutorado em Linguística e Língua Portuguesa) – Programa de Pós-Graduação em Letras, Pontifícia Universidade Católica de Minas Gerais, Belo Horizonte, 2021.

STROBEL, K. *As imagens do outro sobre a cultura surda*. Florianópolis: Editora da Universidade Federal de Santa Catarina, 2008.

FIGUEIREDO SILVA, M. C.; SELL, F. F. S. *Algumas notas sobre os compostos em português brasileiro e em Libras*, p. 17, 2009. Disponível em: http://linguistica.fflch.usp.br/sites/linguistica.fflch.usp.br/files/FIGUEIREDOSILVA-SELL.pdf. Acesso em: 04 jun. 2016.

STOKOE, W. *Sign language structure*: an outline of the visual communication system of the American deaf. Studies in Lingustic, Ocasional Papers 8. Buffalo: University of Buffalo Press, 1960.

STROBEL, K. L.; FERNANDES, S. *Aspectos linguísticos da Libras*. Curitiba: Secretaria de Estado da Educação; Superintendência de Educação; Departamento de Educação Especial, 1998.

ZESHAN, U. Mouthing in Indopakistani Sign Language (IPSL): regularities and variations. *In*: BOYES, P. B.; SUTTON-SPENCE, R. *The hands are the head of the mouth*: the mouth as articulator in sign language. International Studies on Sign Language and Communication of the Deaf 39. Hamburg: Signum, 2001.